AF542552

Todos los libros de Linkgua Ediciones cuentan con modelos de Inteligencia Artificial entrenados por hispanistas. Pregúntale al chat de tu libro lo que desees acerca de la obra o su autor/a.

Para ebooks: Accede a nuestro modelo de IA a través de este enlace.

Para libros impresos: Escanea el código QR de la portada con tu dispositivo móvil.

Obtén análisis detallados de nuestros libros, resúmenes, respuestas a tus preguntas y accede a nuestras ediciones críticas generativas para una experiencia de lectura más enriquecedora.
La transparencia y el respeto hacia la autoría de las fuentes utilizadas son distintivos básicos de nuestro proyecto. Por ello, las respuestas ofrecen, mediante un sistema de citas, las fuentes con las que han sido elaboradas.

José Enrique Rodó

Viajes por Europa

Barcelona 2024
Linkgua-ediciones.com

Créditos

Título original: Viajes por Europa

e-mail: info@linkgua.com

Diseño de cubierta: Michel Mallard.

ISBN rústica ilustrada: 978-84-9007-189-2.
ISBN tapa dura: 978-84-1126-526-3.
ISBN ebook: 978-84-9007-616-3.

Sumario

Brevísima presentación

La vida

José Enrique Rodó (1871-1917). Uruguay.

Se dedicó al periodismo, al ensayo y a la enseñanza. Fue miembro de la generación de 1900. Diputado por el Partido Colorado en varias ocasiones, pero crítico con el batllismo oficial, viajó a Europa en 1916 como corresponsal literario de *Caras y Caretas*.

Fundó la *Revista Nacional de Literatura y Ciencias Sociales* (1895-1897), y ejerció la crítica literaria.

Sus ensayos aparecieron en un volumen titulado *La vida nueva*.

La obra

Antes de morir, Rodó pudo visitar Europa. Estuvo en Portugal y se interesó en las relaciones de ese país con Hispanoamérica, estuvo en España y alabó la laboriosidad catalana. Sin embargo, su destino principal fue Italia pues quería verificar sobre el terreno que los mensajes de sus célebres libros americanistas marcaban la pertenencia a la ciudadanía espiritual de la antigua Roma, clásica y cristiana.

Al concluir el año

Para la mirada europea, toda la América española es una sola entidad, una sola imagen, un solo valor. La distancia desvanece límites políticos, disimilitudes geográficas, grados diversos de organización y de cultura, y deja subsistente un simple contorno, una única idea: la idea de una América que procede históricamente de España y que habla en el idioma español. Esta relativa ilusión de la distancia, que a cada paso induce a falsas generalizaciones, a enormes errores de lugar, a juicios de que no aprovechan, por cierto, las mejores entre nuestras repúblicas, tiene, sin embargo, la virtud de corresponder a un fondo verdadero, a un hecho fundamental y trascendente, que acaso los hispanoamericanos no sentimos todavía en toda su fuerza y toda su eficiencia: el hecho fundamental de que somos esencialmente «unos»; de que lo somos a pesar de las diferencias, más abultadas que profundas, en que es fácil reparar de cerca, y de que lo seremos aún más en el futuro, hasta que nuestra unidad espiritual rebose sobre las fronteras nacionales y prevalezca en realidad política.

Es interesante observar cómo se trasmite esa sugestión de la distancia, a los americanos que viven en Europa. Yo tuve siempre una idea muy clara y muy apasionada de la fuerza natural que nos lleva a participar de un solo y grande patriotismo; pero aun en los americanos originariamente más devotos de las estrecheces del terruño, de las hosquedades del patriotismo «nacional», compruébase a cada instante en Europa que la perspectiva de la ausencia y del contacto con el juicio europeo avivan la noción de la unidad continental, ensanchan el horizonte de la idea de patria y anticipan modos de ver y de sentir que serán, en no lejano tiempo, la forma vulgar del sentimiento americano. Veis aquí cómo el cora-

zón argentino se abre, con solícito afán a los infortunios de México; cómo el criollo de Colombia o de Cuba hablan con orgullo patriótico de la grandeza y prosperidad de Buenos Aires; cómo el montañés de Chile reconoce en los llanos de Venezuela y en las selvas del Paraguay voces que tienen resonancia dentro de su espíritu. Los recuerdos o los problemas vivos y actuales que, entre algunos de nuestros pueblos, pueden ser causa de recelo y desvío, se depuran, en el americano que ha pasado el mar, y manifiestan transparentemente el fondo perdurable de instintiva armonía y de interés solidario.

La comprobación de este sentimiento en los americanos a quienes he tratado en Europa me pare ce el más grato mensaje que pueda enviar, al concluir el año, con mis filiales votos de amor, a mis dulces tierras de Occidente. Si se me preguntara cuál es, en la presente hora, la consigna que nos viene de lo alto; si una voluntad juvenil se me dirigiera para que le indicase la obra en que podría su acción ser más fecunda, su esfuerzo más prometedor de gloria y de bien, contestaría:

—Formar el sentimiento hispanoamericano; propender a arraigar en la conciencia de nuestros pueblos la idea de América nuestra, como fuerza común, como alma indivisible, como patria única. Todo el porvenir está virtualmente en esa obra. Y todo lo que, en la interpretación de nuestro pasado, al descifrar la historia y distinguirla, en las orientaciones del presente, política internacional, espíritu de la educación, tienda de alguna manera a contrariar esa obra, o a retardar su definitivo cumplimiento, será error y germen de males; todo lo que tienda a favorecerla y avivarla, será infalible y eficiente verdad.

En este maravilloso suelo de Italia, donde los ojos leen cómo la unidad de una tradición y de un espíritu, aunque largos siglos parezcan negarle fuerza ejecutiva, concluye por

encarnar en realidad inconmovible, me he dicho infinitas veces que, si aún está para nosotros lejana la hora de una afirmación política de nuestra unidad, nada hay que pueda demostrar el boceto ideal de ese cuadro futuro, la aproximación de las inteligencias y la armonía de las voluntades. Y he pensado en la juventud, como siempre que pasa por la mente una idea de esperanza y de gloria, y me he preguntado por qué de sus periódicos congresos de estudiantes no nacería, con la cooperación de los Estados, una fiesta aún más amplia, aún más significativa; las Panateneas de nuestra liga espiritual; un 25 de mayo o un 12 de octubre celebrados de modo que fuesen continentalmente el ágape de la amistad americana, y congregasen a los enviados de las diecisiete repúblicas, en junta cultural donde se delinease poco a poco el hábito de deliberaciones más eficaces y de lazos más firmes.

Otro sentimiento despierta dentro del corazón americano la influencia de Europa, y es la profunda fe en nuestros destinos, el orgullo criollo, la tonificante energía de nuestra conciencia social. Despierta ese sentimiento porque la comparación con la obra de los siglos, si en muchísimas cosas certifica la natural inferioridad de nuestra infancia, da su justo valor al esfuerzo que ha permitido levantar del suelo generoso, entre las convulsiones y las fiebres de nuestra formación política, ciudades como Buenos Aires, como Santiago, como Montevideo. Lo despierta además, porque en esta tierra de Europa la historia habla a cada palmo con palabras de piedra, evocadoras de recuerdos y ejemplos infinitos, y las palabras de la historia son la mejor excusación de nuestras inexperiencias y de nuestros errores; el más palmario testimonio del fondo «humano» de nuestros devaneos; la más reparadora explicación de las turbulencias juveniles que vanas filosofías atribuyeran a incapacidades del medio o de la raza.

Y despierta, finalmente, aquel sentimiento, porque los tesoros y prodigios de esta civilización creadora, en arte, en ciencia, en ideas sociales, estimulan y engrandecen el anhelo de nuestro porvenir, su puesto que la fuerza virtual existe con la heredada energía y solo falta el seguro auxilio del tiempo.

Esto pensaba al subir las gradas del Capitolio, cuna y altar de la latina estirpe. El Sol de una suavísima tarde doraba aquellas piedras sagradas y aquellos árboles que dicen la mansedumbre y la gracia de esta naturaleza. La guerrera imagen de Roma presidía, allá en el fondo, con gesto maternal y augusto.

El soberbio Marco Aurelio de bronce evocaba, en una sola imagen, la gloria del pensamiento latino y del latino poder. Sobre las balaustradas de la plaza, los trofeos de Mario. Más allá la estatua de Rienzi, del «último tribuno», discñando su ademán oratorio sobre los jardines donde juegan en bandadas los niños. Y me acerqué a la jaula de la loba que mantiene, allí donde fue la madriguera de Rómulo, el símbolo de la tradición inmensa en tiempo y en gloria; y la vi revolviéndose impaciente entre los hierros que la estrechan.

Y me parecía como si, en su presagiosa inquietud, la nodriza de la raza mirase a donde el Sol se pone y buscara, de ese lado del mundo, nueva libertad y nuevo espacio.

Roma, diciembre 1916.

Ciudades con alma

Dentro de una unidad nacional tan característica y enérgica, Italia ofrece la más interesante y copiosa variedad de aspectos y maneras que pueblo alguno pueda presentar a la atención del viajero; y esta variedad se manifiesta por la armonía, verdaderamente única, de sus ciudades. No hay en el mundo nación de tantas ciudades como Italia. Grandes naciones existen que no cuentan una sola ciudad; grandes naciones con capitales populosas y desbordantes de animación y de riqueza. Porque una «ciudad» es un valor espiritual, una fisonomía colectiva, un carácter persistente y creador. La ciudad puede ser grande o pequeña, rica o pobre, activa o estática; pero se la reconoce en que tiene un espíritu, en que realiza una idea, y en que esa idea y ese espíritu relacionan armoniosamente cuanto en ella se hace, desde la forma en que se ordenan las piedras hasta el tono con que hablan los hombres.

Así entendida la ciudad, madre de toda civilización, foco irradiador de toda patria, digo que no hay pueblo moderno en que las ciudades sean tantas y tan «personales» y sugeridoras, como en este pueblo de Italia. De las heladas cumbres de los Alpes a la incendiada cumbre del Etna; del «amarguísimo» Adriático al Tirreno adormecedor, ¡qué maravilloso coro de ciudades, cada una con tradición y genio inconfundible, con color, relieve y melodía singular, dentro de la suprema consonancia que a todas las vincula, como las cuerdas de una lira! ¡Qué inagotable diversidad de impresiones y recuerdos (nombrando solo los centros que hasta ahora conozco) de la Génova mercantil y democrática, pero llena de pintoresco carácter en su codicioso hervor, a la silenciosa, nobiliaria y taciturna Pisa, y Florencia arroba da en la visión de sus divinos mármoles, y esas peque ñas ciudades

de Toscana, como Luca y Pistoja, donde cada piedra es una crónica que os cautiva: y la Bolonia de la prosopopeya doctoral, y Módena, la de las anchas calles inundadas de luz, y Parma la sosegada, y la semifrancesa y grave Turín, y Milán la resonante con el aliento de sus usinas y talleres, y esta gigantesca Roma, ciudad-orbe, ciudad-arquetipo, donde todas las demás de nuestra civilización están potencialmente, como los astros del cielo, en el claustro materno de la primitiva nebulosa! Ignoro hasta qué punto la obra política de la unificación italiana se ha realizado respetando, en lo jurídico, en lo administrativo, en lo oficial, esa fecunda variedad de personalidades sociales; pero ella subsiste y aparece en todo lo que es de la naturaleza, sin que por eso deje de aparecer también el fundamento cultural de la unidad política. Y la tardía realización de esta unidad, el apartamiento deplorado durante siglos, favoreció, sin duda, la plena florescencia de esos caracteres locales, de esas ciudades con alma personal y semblante indeleble, a las que una centralización prematura hubiera restado gran parte de su fuerza y espíritu, si la formación nacional se hubiese consumado, como en Francia y España, por el impulso avasallador de los monarcas del Renacimiento.

Nada más lleno de interés que observar cómo se refleja en la inmensa amplitud del arte italiano esta múltiple originalidad del ambiente, y cómo cada ciudad produce, de su propia substancia, su inconfundible forma artística, al modo que cada casta de pájaros su canto y cada especie de planta su flor. Pasáis de admirar la levedad alada, el desenvolvimiento aéreo de las columnas, en los sobrepuestos arcos de Pisa, a la desnuda y austera majestad de los palacios florentinos, que parecen obra de cíclopes; de las arrogantes fachadas de Génova, a los abiertos pórticos y el ornamentado ladrillo de

Bolonia. El alma de Luca inspira el cincel de Civitali, como la de Parma el cincel de Correggio, como la de Milán a los discípulos del divino Leonardo, mientras la de Módena manifiesta su plástica originalidad en sus pintadas terracotas.

El patriotismo de ciudad, energía tan vital y creadora como puede serlo el patriotismo de nación, es un sentimiento que aún no encuentra en nuestra América condiciones que le den el arraigo hondo y pertinaz que requiere para ser fecundo. Tenemos solo esbozos, larvas de ciudades, si se atiende al espíritu, al carácter de la personalidad urbana; aunque sean a veces larvas o esbozos gigantescos, con capacidad material para que se infunda dentro de ellos un espíritu gigante. Los centros que un día desplegaron vigoroso sentimiento local, que actuó como una fuerza histórica, y donde se diseñó una enérgica fisonomía de ciudad, han perdido del todo estas líneas tradicionales o tienden a perderla, por obra de la irrupción cosmopolita que materialmente los ha magnificado. La extinción de aquel celoso amor propio comunal es un hecho que puede haber facilitado graves problemas y reportado claros bienes, pero no sin el precio de grandes desventajas. Formar «ciudades», ciudades con entera conciencia de sí propias, y color de costumbres, y sello de cultura, debe ser uno de los términos de nuestro desenvolvimiento. No hay «civilización» ni «ciudadanía» sin «ciudad». La educación municipal es el seguro fundamento de toda educación política.

La tendencia a regularizado e igualarlo todo, que es uno de los declives de nuestro tiempo, induce en la legislación y el gobierno de los pueblos a perniciosos sofismas. Allí donde aparece una excepción, una disonancia, un rasgo diferencial, la propensión instintiva de nuestra democracia es clamar a la injusticia y aplicar el rasero nivelador. Unificar, armonizar socialmente es, sin duda, obra de bien, y más oportuna que

en ninguna parte en nuestra América, donde necesitamos formar la magna patria que a todos nos reúna ante el mundo; pero la armonía ha de proponerse conciliar las diferencias reales, no desvirtuarlas y anularlas. El cultivo del carácter local no contradice a aquel designio de unidad. Mantener, en cada ciudad de las nuestras, todo lo que importe, material o moralmente, un relieve de carácter, capaz de convertirse en hábito vivaz y en evocadora tradición; respetar las formas espontáneas y graciosas que el natural desenvolvimiento de la vida torna en cada sociedad humana, por encima de artificiosos remedos, leyes abstractas y simétricos planos, es una norma que siempre deberán recordar entre nosotros los que legislan, educan o gobiernan. Llegaremos así a tener ciudades que merezcan toda la dignidad de este nombre, y haremos que al federalismo convencional y falaz que hoy se estila en algunos de los mayores pueblos hispanoamericanos, suceda, con el andar del tiempo, un federalismo real, viviente, dolorido, que reconozca por razón de ser y por energía inspiradora ese principio de civilización a que llamo el «alma de las ciudades».

Roma, enero de 1917.

Una impresión de Roma

Me pregunta usted —dije a mi interlocutor—, por qué afirmo que este ambiente de Roma es una lección perenne de tolerancia activa y positiva, de serenidad y amplitud. Lo afirmo por lo que se refiere al sentimiento religioso, y lo afirmo poniendo preferentemente la atención en los fanáticos de nuestra parte, en los fanáticos del librepensamiento.

No consiste esta influencia apaciguadora en la sugestión de religiosidad que irradie de la infinita muchedumbre, de las iglesias romanas. Aún estoy por encontrar en Roma el templo que mueva la imaginación de modo favorable a la emoción religiosa. Ni «San Pedro», con su titánica grandeza y su magnificencia deslumbrante: ni «San Pablo», con la majestad abrumadora de sus mármoles y granitos; ni «San Juan de Letrán», con sus gigantes estatuas; ni «Santa María Maggiore», con la estupenda riqueza de sus capillas laterales, ni otro alguno de los templos de esta capilla del orbe católico, ha tenido la virtud de ajustar mi imaginación al tono religioso de que no me siento, sin embargo, incapaz. Son todos ellos museos preciosísimos, cautivadoras galerías, salas grandiosas, imponentes monumentos; pero falta el ambiente indefinible de misterio y de unción, aquel toque de ángel a que responde el alma con la nostalgia aspiración a lo divino... Las invisibles alas que en la austera semioscuridad del templo gótico os arrebatan hacia la luz que inflama, allá arriba, los gloriosos vidrios de colores, no caracterizadas por el Renacimiento, donde podrían, sin incongruencia, hospedarse los dioses del Olimpo.

Tampoco aquel respeto con que aquí se impone al espíritu desapasionado la fe religiosa puede proceder de la presencia de recuerdos que certifiquen la pureza de su desenvolvimien-

to, la consecuente verdad de su realización, siendo así que lo que testimonian estas piedras de Roma es el desigual, y a menudo ignominioso, proceso del Pontificado, y es sabido que la impresión romana, recibida de cerca por el más famoso de los heresiarcas, obró como causa determinante de la ruptura de la fe.

Si Roma, vista con ojos de inteligencia y de sinceridad, por un espíritu realmente emancipado de preocupaciones viejas o nuevas, ennoblece el concepto de la religión que tiene aquí su centro, persuade de la justicia que le es debida como tradición humana, como determinación histórica del ideal, es porque en esta ciudad se manifiesta, con la muchedumbre y la grandeza de sus monumentales tesoros, la capacidad creadora de esa religión, en sus siglos de plenitud y de verdadero dominio; la radiantc inspiración dcl gcnio católico, iluminando el alma de esta raza de coloristas y estatuarios: los veneros de belleza, de idealidad y de amor, que la fe hoy abatida supo arrancar a la conciencia de las generaciones que fueron.

Solo hay una ceguera comparable a la ceguera de los fanáticos reaccionarios cuando se trata de columbrar el porvenir, y es la ceguera de los fanáticos innovadores cuando se trata de comprender el pasado. En las ideas y las instituciones que ha desamparado el tiempo, verán solo la parte negativa, la razón de su caducidad; no el espíritu de viga que les dio oportunidad y eficacia; no el legado imperecedero que las vincula solidariamente a aquellas que las han resucedido. Si aún hubiera quien creyese en los dioses paganos, se contestaría la belleza de su concepción, la gracia seductora y el sentido profundo de aquel culto de la naturaleza, que selló para siempre con sus símbolos la imaginación de los hombres. Es necesario olvidar que la fe católica es todavía materia de disputas humanas y remontarse a considerarla ideal y desinte-

resadamente, para sentir la belleza inefable de sus formas, la avasalladora grandeza de su espíritu. Y esa amplitud y esa serenidad de visión nunca se logran de tan cumplida manera como cuando se tiene ante los ojos la perspectiva artística que esta maravillosa Roma desenvuelve.

En presencia de los Profetas y los réprobos de Miguel Ángel, las Logias de Rafael y su Transfiguración, el estupendo San Jerónimo del Dominiquino, y los frescos de Ghirlandaio y Botticelli, o de cualquier otra de las obras del genio que perpetúan asuntos religiosos, la mirada que busque el fondo reconocerá, por debajo de la interpretación del artista, la inspiradora virtud de la idea, la hermosura o la grandeza esenciales de la imagen representada del sentimiento debido a la fe que eligió en el artista el realizador de una de sus íntimas visiones. Como hay en los paganos dioses una belleza ideal que hicieron plástica los mármoles que los figuran, la hay en el sobrenatural cristiano, ya severa y terrible, ya tierna y lacrimosa, y estos cuadros la manifiestan, a pesar de la mezcla de paganismo con que suele enturbiar su religiosidad el espíritu del Renacimiento.

Y si el arte sugiere el respeto por la muerta fe, igual sentimiento fluye de la consideración histórica de este inmenso escenario. Cierto es que la Roma papal, con su apogeo de impura Babilonia y sus postrimerías de rezagada teocracia, comparece en la memoria del observador; pero la actual anulación del Pontificado como realidad política, hace que esos rasgos se subordinen y cedan en nuestra atención a un cuadro mucho más vasto e indeleble: el del triunfal desenvolvimiento de la idea cristiana, desde sus orígenes humildes hasta sus días de inaudita universalidad y de materna preeminencia. La imaginación ve formarse aquí el árbol majestuoso, dos veces milenario: asiste al germinar de su simiente oscura en

la sangrienta arena del Coliseo, en la húmeda sombra de las Catacumbas; lo representa, en el arco de Constantino, levantando al cielo el tronco ya espeso y consistente, y luego, en el Palacio de Letrán, en el Vaticano, en la iglesia de San Pedro, con sus confesionarios para veinte idiomas distintos, evoca el tiempo en que la copa anchurosa tiende su sombra sobre la redondez del mundo.

Por eso es noble y saludable la influencia de Roma, para los espíritus que vienen a ella sin fe, pero sin odio; por eso afirmo que hay en las sugestiones de este ambiente una perenne lección de tolerancia; una iniciación, en ninguna parte tan perfecta, de sentido histórico, de amplitud humana, de superior y fecunda armonía...

Roma, enero 1917.

Los gatos en la Columna Trajana

Tomando la vía Alejandrina para entrar en la del Corso, paso todas las tardes junto al Foro Trajano, o si queréis, junto a la Columna Trajana, que es lo único que verdaderamente queda en pie de aquel complejo monumento, acaso el de más sonada magnificencia entre cuantos vio levantarse y caer este Sol de Roma. Un paralelogramo cerrado, de nivel mucho más bajo que la calle contiene, entre silvestres hierbas y lodosos charcos, truncas columnas de granito, algunas de ellas arraigadas al suelo, otras tumbadas; y en medio de estas ruinas resalta, entera y majestuosa, la Columna Trajana, de mármol esculpido, en toda la extensión del fuste, con bajorrelieves que recuerdan el sometimiento de los dacios por el magnánimo y glorioso Emperador. Sus cenizas reposan, o reposaron, dentro del pedestal, dispuesto como sarcófago. Sobre el dórico capitel, en vez de la imagen de Trajano que le coronaba, descuella, desde tiempos de Sixto V, un San Pedro de bronce.

La primera vez que pasé junto al Foro Trajano, ya casi entrada la noche, y me asomé a la oscura hondonada, vi deslizarse, entre las rotas piedras y las matas de pasto, una sombra fugaz. A esta sombra siguieron otras y otras, en varias direcciones. Luego advertí que con aquellas cosas pasajeras solían correr unas extrañas lucecillas. ¿Almas de tribunos, de mártires, de héroes, como las que en este venerado suelo de Roma han de reconocer un despojo de su vestidura corporal en cada grano de polvo, en cada hilo de hierba...? Volví a pasar de día y las sombras me revelaron su secreto. El ruinoso Foro está poblado de gatos.

Allí ha puesto su cuartel general, su concilio ecuménico, su populosa metrópoli, la que llamó Quevedo «la gente de la uña».

Los hay de todas pintas. Barcinos y atigrados, amarillos y grises, blancos y negros. En los cuadros de Sol, sobre la fresca hierba, disfrutan, con envidiable e indolente placidez, su dicha de vivir ya gravemente sentados, ya tendiéndose en esas actitudes inverosímiles y absurdas, con que encantaban a Teófilo Gautier. Uno, negro como la tinta, inmóvil, sobre una tronchada columna que le forma pedestal, parece una esfinge de ébano. Micifuz se relame sobre un derribado capitel. Zapirón remeda, rascándose, «la pata coja de Mefistófeles». Zapaquilda amamanta a sus bebés en el hueco de dos piedras, donde ha tendido el césped blanco tálamo. Ignoro si el problema económico de esta comunidad se resuelve mediante la protección del vecindario, o si ella vive de su propia industria con la libre caza de sabandijas; pero observo que todos los asociados están gordos y lucios y que el rayo del Sol arranca de los esponjados pelambres reflejos, ya de oro, ya de azabache, ya de nieve.

No quiero a los gatos. Me han parecido siempre seres de degeneración y de parodia: degeneración y parodia de la fiera. Son la fiera sin la energía; son el tigre achicado, el tigre de Liliput; el instinto con tenido por la debilidad; la intención pérfida y sinuosa que sustituye el arrebato de la fuerza; la mansedumbre delante del hombre y la ferocidad delante del ratón.

Cuando la corona de los seres vivientes está sobre la frente del león, como en la hermosa fábula de Goethe, la propia tiranía se ennoblece y la propia crueldad cobra prestigios de justicias ¡Ay del reino animal cuando mandan los gatos! Contemplando a la plebe felina adueñada de aquellos des-

pojos de la grandeza imperial, se me figuró ver cifrado en este caso un carácter constante de las decadencias. Caer en manos de los gatos, ¿no es destino de todos los poderes que envejecen, de todas las glorias que se gastan, de todas las ideas que se usan?... Luego, otra figuración embargó mi pensamiento. Me pareció como si se presentara entre las ruinas el alma de un antiguo romano, y, con la amarga ironía de su orgullo, señalase en aquella vasta gatería una pintura de nuestra civilización, un símbolo de nuestra edad.

Somos para los antiguos, gatos para fieras. Reproducimos su genio y su cultura como el gato los rasgos del felino indómito y gigante. Para dar voz a otros hombres y otros tiempos, el *Ramayana*, la *Ilíada*, la *Comedia*. Para expresar la democracia utilitaria y niveladora, la *Gatomaquia*. Carecemos de la crueldad que empurpuró la arena del Circo y maceró las carnes del esclavo; pero tenemos la perversidad del rasguño, de la pupila que escudriña en la noche de la mano esponjosa que dilecta la agonía del ratón. Gatunos son nuestros crímenes. Económicas, tibias y falaces nuestras virtudes, pulcritud de gato. Si se aparece entre nosotros el Héroe, el medio nos infunde valor y le saltamos a la cara, como nuestros congéneres hicieron con don Quijote. Suplimos nuestra timidez para afrontar las puertas bien guardadas, con nuestra habilidad para marchar por las cornisas y trepar por los muros.

Las lamentaciones de Isaías, las amenazas de Daniel, las maldiciones de Dante, las quejas de Prometeo Encadenado, retumban en las concavidades del tiempo como rugidos en la selva. Los ayes de nuestros dolores, la declaración de nuestro moderno pesimismo, el clamor de nuestras rebeliones y nuestras desesperanzas, ¿no sonarán en los oídos del futuro como maullidos de azotea? El patriotismo romano, propagandista y conquistador, fue un inextinguible anhelo de espacio, y re-

bosando sobre el mundo, hizo nacer de la idea de la patria el sentimiento de la humanidad. Nuestro patriotismo, contenido y prudente, egoísta y sensual, ¿no tiene mucho del apego del gato a la casa donde disfruta su rincón?...

—¡Oh tú, que te levantas allá enfrente! sombra del Coliseo, erguido fantasma de la antigüedad, genio de una civilización de águilas y leones: ¿no será ésta de que nos envanecemos una civilización de gatos?...

Roma, 1917.

Tívoli

La corriente del Anio, revolviéndose entre los montes Tibuttinos, se encrespa en bullidoras cascadas y enguirnalda sus márgenes de arboleda frondosa. Asomada a esas alegres aguas, a la sombra de esa perenne espesura, está la antigua Tíbur, la Tívoli de hoy, donde la Roma de los Césares disfrutó los ocios de la paz, y donde pasaron dulces horas pontífices y cardenales amigos del bello vivir.

Desde que se tiende la primera mirada por este montuoso horizonte, se disputan los favores de la imaginación la amenidad de la naturaleza y el prestigio de los recuerdos. Si preferís empezar por acercaros a lo que la naturaleza puso de su propia hermosura, llegad, entrando al pueblo por la puerta de San Angelo, a donde un letrero pintado, que parece de un ventorrillo, sobre una tapia como de cualquier quinta vulgar, anuncia que es allí la «Villa Gregoriana». De paso para las cascadas y las grutas, veis levantarse, sobre eminente peñón, las columnas de dos destrozados templos: el de Vesta y el de la Sibila de Tíbur, que añaden a la poesía del paisaje la melancolía de las ruinas. En el fondo del valle, y sobre los lomos de las redondas colinas que forman el marco de este cuadro, aparecen en pintoresco desorden oscuros olivares, salvajes matas, casas rústicas, desgarrados senos de roca y blancas nubes que flotan sobre espumas hirvientes. Graciosas cascatelas os preparan los ojos para la solemne impresión de la «Cascada grande». Cae ésta de una altura de trescientos pies, en salto casi vertical, rebotando a mitad de ese espacio, al contraerse y juntarse su garganta de piedra; y para un americano que no ha visto el Niágara, el Iguazú ni el Tequendama, el efecto es de maravilla y emoción.

Nunca sentí tan líricamente la belleza del agua; nunca se me presentó tan sincero el entusiasmo heroico de Píndaro en su invocación de la primera Olímpica. Soberbia es la inquietud del mar, pero esta otra inquietud del agua me parece (y no sé si sugiero así lo que pienso), de un carácter más «orgánico», más «personal», que la del mar alborotado. Aquel ímpetu, aquella pureza, aquel clamor, se me figuraban los accidentes de una vida, y de una vida espiritual y consciente. Si en el vapor de las deshechas aguas hubiera brotado de improviso una forma, de dios o de genio, que me mirase; si el estruendoso son se hubiera ordenado de súbito en un himno colosal o en una arenga sublime, creo que no hubiese experimentado espanto ni asombro. Sentía al lado del torrente como un poder subyugador y retentivo, al modo del que hay en la sombra de esos árboles que atraen al viajero y le adormecen; pero esta influencia era benéfica y tonificadora, y me alumbraba la imaginación, y me alegraba el alma, y me levantaba a pensamientos altos y gloriosos. Cuando me aparté de allí, me parecía triste silencio el natural rumor de los campos circundantes, y sosiego mortal su serenidad apacible.

En camino para la «Villa de Este», observo la vetusta y característica fisonomía de la Tívoli urbana, con sus torcidas calles, sus ventanas colgadas de ropa que se orea, y sus puestos humildes de hortaliza y de fruta. Las mujeres del pueblo, vestidas de encendidos colores, pasan guiando sus valientes burritos, que llevan su carga con la gracia inocente que la ironía humana ha echado a perder en la idea de animal tan lindo y bondadoso. No rara vez advertía en un curtido rostro de muchacha un admirable perfil clásico, unos ojos que os hacen recordar que en estas cercanías está la Albano famosa, gran proveedora de modelos para los pintores y estatuarios romanos. Una nube de chiquillos sale de la escuela, tan tris-

cadores e indómitos, como en todas partes. Uno de ellos, feo y tiznado como un diablo, dibuja en la pared, con su lápiz, un canastillo tan bien hecho que viene a mi memoria la anécdota del pastorcito que fue el Giotto.

El cardenal Hipólito de Este, uno de aquellos príncipes del Renacimiento italiano, en quienes la política podría definirse como el arte de hermosear el mundo, dejó de su paso por el gobierno de Tívoli, que le otorgó Julio III, la «villa» que lleva el nombre de su ilustre linaje. Era el purpurado más rico de su tiempo, y derramó su oro en este palacio, al que infundieron espíritu digno de sus formas la conversación aristocrática y el arte. En las salas, vacías y tristes, duran aún vestigios de los frescos que los pinceles de Zuccarí y Muziano consagraron a episodios históricos de la ciudad. Los jardines son de paradisíaca belleza. Cipreses gigantescos, ingeniosas fuentes y cascadas. Lagos y grutas como para ninfas, forman el imperio de nobles estatuas; entre ellas, la minervina imagen de Roma, con lanza y casco, y a su izquierda, la loba, amamantando a los gemelos latinos. Un órgano hidráulico que solazó las tardes del Cardenal permanece mudo, y como hechizado en sus mármoles; y sentí de veras su mudez, porque ninguna idea me parece más bella y delicada que ésta, de ceñir a números melódicos el son del cristalino elemento de suyo tan lleno de fresca y deliciosa música. Cuando yo tenga una casa de campo (en alguno de los mundos donde pienso renacer), ordenaré a mi arquitecto que me construya uno de esos órganos donde el agua canta al fluir en alegres juegos.

Amplísimo y glorioso panorama se domina desde los tejados de este Edén. Una familia, de Génova o Savona, recorría al par mío los jardines, y de pronto oí una voz infantil que decía, con vibrante júbilo, mientras la tendida manecita señalaba el confín del horizonte:

—¡Il mare, il mare!

No es el mar, sino la campiña romana, que se extiende al pie de las montañas sabinas; pero nada, en verdad, más semejante a la dormida inmensidad marina que aquella monótona llanura, donde de tarde en tarde fingen un blancor de olas el reflejo de un techo o el surco de un camino, mientras de todo en derredor se desprende y os llega en onda penetrante y balsámica,

Il divina del pian silenzo verde

Como un faro de ese mar ilusorio, se alcanza a vislumbrar, entre los celajes de la tarde, la cúpula de San Pedro.

A un cuarto de hora de Tívoli, hacia el Sur, está la Villa Adriana. Es ésa una excursión, más que para aficionados al arte, para arqueólogos. Todo lo que en tan inmensas ruinas se cosechó de interés esencialmente artístico: mosaicos, frisos, estatuas, ha pasa do a enriquecer cercanos o remotos museos, y singularmente el Capitalino de Roma. Ya solo cimientos de paredes y truncadas columnas delinean en el suelo como un plano en relieve de lo que fue. Aquí el Teatro Griego, la Sala de los Filósofos, el Teatro Marítimo; más allá las Bibliotecas, las habitaciones para huéspedes; luego el Palacio Imperial, con el Triclinio, la Basílica, las Termas... «De todo apenas las señales». Un rebaño de cabras huella pedazos de mármol que se levantaron sobre tanta frente soberbia. La hierba salvaje alfombra la exedra del Trono. Se busca a Fabio, en este campo de soledad, para comunicar la tristeza de la contemplación, y se piensa en el epitafio que compondría, si se apareciese en estos escombros, la *animula vagula blandula* del César viajador y poeta que realizó aquí su sueño de arte.

De vuelta de las ruinas, subo a la altura de «Belvedere», donde blanquea el que fue Convento de San Antonio. Este pedazo de tierra es sagrado para la fantasía. La tradición local fija en este punto la casa de Horado; no la granja sabina, regalo de Mecenas, cuyo lugar se reconoce también a corto trecho de Tívoli, sino la casa tiburtina, donde pasó probablemente sus últimos años: el apacible seguro encarecido en la oda a Julio Antonio y en la epístola a Setimio. La finca que ocuparon los monjes es ahora propiedad de una señora inglesa, que la ofrece en arriendo, con su extendida huerta y su sencillo moblaje. Espejos olivos la cercan. Enfrente, al otro lado del Anio, se levanta el Templo de la Sibila. De la hondonada cercana llega el rumor de las aguas hirvientes. *Domus albuneae resonantis en praeceps Anio.*

Cerca de allí puede indicarse el sitio que ocupaban las «villas» de Cátulo de Quintillo Varo, de Mecenas. El paraje está escogido como para abarcar de una mirada todo este hermosísimo contorno.

El testimonio de mi sensibilidad acredita que fue verdaderamente aquí la casa del poeta, porque me siento enteramente horaciano, y pienso que sería dulce cosa quedarse en esta retirada paz, gozando de la «áurea medianía», y escribir, a la sombra de los olivos, un libro transparente y sereno. Y cuando la chicuela del guardián me despide cortando para mí un rojo clavel y un ramo de blancos junquillos, tengo la puerilidad de mirarlos como reliquias, pensando que llevo conmigo flores de la huerta de Horado.

Tívoli, enero de 1917.

Nápoles la española

Si hubiera llegado a Nápoles por los aires y con los ojos vendados, como don Quijote cabalgando en Clavileño, y una vez cerca de la tierra, pero a suficiente distancia todavía para oír el idioma en que habla, o canta, esta estrepitosa muchedumbre, se me hubieran descubierto de improvisto las gentes y las cosas, y se me hubiese preguntado dónde imaginaba estar, habría contestado resueltamente:

—En España.

Y esta primera impresión se corrobora a medida que el alma de la ciudad nos hace vislumbrar sus secretos y que la evocación de las piedras seculares enciende en la fantasía la imagen de la España avasalladora y heroica que por aquí pasó y dejó floreciendo su espíritu. Sí; ésta es la Nápoles del mar azul y del dulcísimo cielo con que soñé leyendo comedias de Lope; ésta es la ciudad donde aquel Arco de Triunfo recuerda que entró a reinar el magnánimo Alfonso de Aragón: donde aquella capilla tiene inscripto el nombre de Gonzalo de Córdoba; donde el Duque de Alba erigió esa puerta monumental; donde el Conde de Lemos, el Mecenas de Cervantes, levantó aquel palacio, desde el cual reinó después el innovador Carlos III. En este divino ambiente sintió el amor y la belleza Garcilaso. Aquí don Francisco de Quevedo paseó su amarga sonrisa. Aquí pintó el Españoleta, y en sus cuadros está aún el mayor interés pictórico de Nápoles. Estas esquinas vieron pasar a don Juan, y por sus contornos vaga todavía el son de las guitarras de las serenatas y de las espadas de los duelos.

Esta es la Nápoles aquella, y su libertad y su grandeza no la han desespañolizado. Ved cómo a cada paso comparece el recuerdo de España en lo que el viajero observa desde el

primer instante. La calle más central y populosa, si ya no la más característica, es la universalmente afamada con el nombre de «Calle de Toledo», en memoria del preclaro virrey a quien se debe su apertura, y aunque ya va largo que el celo patriótico del municipio trocó ese nombre por el de «Roma», Toledo sigue llamándola, y la llamará hasta la consumación de los tiempos, el uso popular. Otras calles y «puertas» se denominan «de Olivares», «de Alba», «de Medina», la «Rua Catalana», el «Vícolo del Conde de Mola». Hojead una guía comercial, o fijaos, aquí y allá, en los tableros de las tiendas, la armería de Mendoza, la mueblería de Pérez, la botica de González, la peletería de López. Oíd una conversación o leed una canción compuesta en el dialecto de Nápoles, y os recordarán donaires y dulzuras de español de Andalucía o de español americano. Benedetto Croce señala, en un reciente libro, la filiación claramente española, de las tres palabras de ese dialecto que representan los más intraducibles matices de carácter local:

lazzaro, guappo y camorrista.

Para expresar conformidad dicen americanamente: «¡Cómo no!». El don antecede, en labios del pueblo, el nombre de persona madura y de mediana o humilde condición. Don Marzio se titula (¿del nombre de un personaje de Goldoni?) el más difundido periódico de Nápoles. Y en lo que importa más que las palabras, en la estructura íntima, en la gracia connatural, en la música y el color de ese dialecto, nos parece percibir, a los que hablamos castellano, que el pueblo que se expresa de aquel modo escuchó y asimiló, por espacio de tres siglos, nuestra lengua.

Llegad a los barrios populares —si es que no lo son todos en esta ciudad de rebosante muchedumbre—: la Plaza del

Mercado, Puerta Capuana, la marinera Santa Lucía, de nombre que parece continuase de suyo en melodiosa barcarola. ¿No son figuras y escenas de ciudad andaluza las que veis? Este hervor fascinante de vida, de alegría y de color; este como canto de gloria que se levanta al Olimpo, y este perenne chispear de burlas y gracejos entre los que pasan, y esta florescencia del piropo, y este hablar con el gesto aún más que con la voz, y más que con la palabra con el tono, ¿no provocan reminiscencias de Triana, del Rastro, de las «romerías»? ¿No es el Sol andaluz el que se asoma a los ojos y encrespa con sus tenacillas de fuego el pelo de las brunas Carmelas, Nanninas y Giesmminas de la plebe? ¿No es divinamente española y andaluza esta visible despreocupación por el día de mañana, por el fruto que se ha de cosechar; esta abandonada confianza en los dones del suelo próvido, de la naturaleza benigna, que derraman sobre ricos y pobres sus dones gratuitos para que vivan como las aves del cielo, que no siembran ni recogen? También dentro de los muros de Milán tuvo una de sus cuevas, durante más de dos siglos, el león de Castilla; pero en la fisonomía de Milán contemporánea no existen ya, o no conservan suficiente relieve para que aparezcan a la mirada del viajero, los vestigios de aquella Lombardía reflejada de rojo y gualda que conocemos en las páginas de *Promessi Sponsi*. En Nápoles la influencia española caló más hondo y dejó color más indeleble. Los esforzados castellanos, los aragoneses heroicos, que tienen su sepulcro en estas iglesias, pueden reposar seguros de la perennidad de su conquista. En Santa María de los Ángeles, entre dos altares de la izquierda, sobre un nicho, hay de uno de esos bravos un epitafio que es un poema. Escuchad: «D.O.M.

—Guarda este mármol las famosas xemisas de aquel éroe imbencible Dionisio de Guzmán —Cavallero del hábito de Santiago— de los consejos de guerra de Su Majestad —maes-

tro de campo general de los exércitos— de Milán y Lombardía, armada real y este Reyno—. Falleció en 24 de julio de 1654— militó 44 años continuos en guerra viva —en las provincias de Italia, Estados de Flandes—, Reynos de España y armadas marítimas—. Comenzó de soldado y subió a la fuerza de su mérito —a todos los grados de la milicia— ganó a su Rey treinta y una fortalezas —socorrió 18 plazas, peleó y venció 62 veces fue terror de los adversarios, exemplo de los amigos —asombro de los exércitos y envidia de las naciones constante en los trabajos, intrépido en los peligros —templado en las costumbres y modesto en las felicidades—. La antigua Castilla le dio noble oriente —la sociedad christiana dichosa vida —su proceder eroicas obras. Nació para honra de su patria —vivió para servir a su Rey —y habiendo muerto para sí quedará inmortal— a la memoria de los siglos futuros».

Decidme si no trasciende de ese retumbante epitafio toda el alma de aquella España soberbia y andantesca cuya idea encarnó en el caballero de la Mancha, y si no manifiesta, en el énfasis que así habla ante la muerte, la fuerza con que imprimía, allí donde fijaba su garra, la huella de aquel pueblo de conquistadores. No, no se borrará ya más el sello de España de la frente de Nápoles, hasta que el vecino monstruo plutónico la estreche y la consuma con su brazo de fuego, según la tradición fatídica puesta en hermosa leyenda por Matilde Serao.

Cierto es que el tiempo se lleva en su corriente mucho de lo antiguo, y no faltan *laudatores temporis acti*, que afirmen con nostalgia que Nápoles va perdiendo su color. Hay en el fondo de esta afirmación una parte verdadera. Nápoles, visiblemente, se transforma. El lazzarone se va. Alientos de emulación y de energía rompen la costra secular de ociosidad, de desaseo y de miseria. Un acueducto colosal, que hubiera

honrado a la vieja Roma, trae de las famosas surgentes de Serino y difunde hasta los entrañados rincones de la ciudad, agua rica y salubre. Donde se asentaba el barrio más vetusto e infecto, álzase hoy la soberbia «Galería», rival en magnitud y riqueza de la de Milán, y uno de los mayores esfuerzos edilicios de la moderna Italia. Humo de fábricas y usinas empieza a mezclarse, en estos contornos, con el humo volcánico. El hechizo enervador de Parténope será superado otra vez por la maña de Ulises, que reto ña en la sangre griega que hay en las venas de Nápoles. Una metrópoli industrial, activa y poderosa, se delinea para el cercano porvenir, aquí donde fue el imperio del *dolce far niente*. Y aunque todavía desentonan, dentro de la admiración y el encanto del viajera, la casa antigua y noble que yace en sucio abandono, y el montón de basura que fermenta al rayo de Sol, y el corro de muchachos que juegan en la esquina sus monedas de cobre, y los *cornetti* de coral ofrecidos como amuletos en los escaparates de las tiendas, y el conventillo al aire libre y los mendigos implacables, y los frailes pringosos, puede vaticinarse que esta ciudad será el centro que propague nueva vida sobre las hoy yermas regiones del mediodía de Italia y las convide a nuevas *Geórgicas*, como las del suave mantuano que duerme allá enfrente, a la sombra del Pausilipo.

Nápoles se asea, se enriquece, se educa, pero no se descaracteriza. En lo bueno como en lo malo, continúa siendo esencialmente española. Y con decir que es sustancialmente española, dicho se está que participa de hispanoamericana afinidad que aparece de relieve si se establece la comparación con aquellas partes de América cuyo desenvolvimiento, menos impetuoso y acopiador, ha mantenido relativamente intacto el núcleo original. Yo he sentido despertarse y sonreír mi velado instinto criollo reconociendo en las calles de Nápoles cosas que me parecían del terruño, líneas y matices

de mi ciudad nativa, en lo que ésta tiene aún de característico, de tradicional, de pintoresco; semejanzas que completa la imaginación con la curva armoniosa de la bahía, cuya entraña custodia, como un «Cerro» agigantado y flamígero, el Vesubio. Y estas correspondencias de carácter, estos acordes de color, evocaban en mi memoria las palabras que oí una vez a un cultísimo y delicioso sevillano, don Francisco Orejuela, que contaba admirablemente sus recuerdos de viaje:

—No hay más que tres ciudades en el mundo: Nápoles, Sevilla y Montevideo.

Nápoles, febrero 1917.

Capri

Cuento entre las imposibilidades absolutas la de hallar belleza que no tenga conciencia de sí propia, y entre las imposibilidades relativas la de hallar conciencia de la propia beldad que no se empañe de cierta inquietud o desazón delante de la beldad ajena. Sorrento, confirmando la ley sin excepción, sabe que es hermosa; pero sabe que Capri lo es también, y Capri está aliado de Sorrento; y como la belleza de Caprino es menos fiel cumplidora del *nosce te ipsum*, hay, al través de las azules ondas que la separan, un perpetuo cambio de desconfianzas y de celos; un pleito encantador, que renueva sus instancias ante cada viajero, excitado a ser juez en este nuevo juicio de París. La primera preocupación que, cuando volvéis de Capri, os demostrarán en Sorrento, es averiguar lo que pensáis de Capri, y el más apremiante interés que os habrán manifestado en Capri, al llegar, es preguntaros lo que opináis de Sorrento. Os supongo suficientemente hábiles para contestar a esas preguntas de modo que, sin herir de frente la vanidad local, deis lugar, al mismo tiempo, a cierto resquemor de emulación; y entonces oiréis, de una y otra parte, los más fervorosos alegatos de amor patrio; los más inspirados razonamientos para demostraros que aún no habéis visto lo mejor, en la comarca del panegirista, y que debéis dejar que os lleven a admirar en ella bellezas y primores que no habíais sospechado.

La isla de Capri y la península de Sorrento están, digámoslo así, labradas según el mismo estilo arquitectónico. Aquí como allá, un muro de ásperas rocas, que caen a plomo sobre el mar, diseñan con viril energía el dibujo de la costa. Aquí como allá, al pie de ese ciclópeo baluarte, un puerto para cáscaras de nuez; y del puerto a la ciudad, sendas tortuosas que suben escalonadas en la piedra. A espaldas de la ciudad,

cumbres de embelesantes perspectivas, que aquí se llaman los cerros de San Miguel y del Castello, como en la ciudad rival los del Deserto y Capodimonte. Acaso la belleza de Capri es un tanto más grave y varonil que la de Sorrento, como que entran en ella por mayores partes la desnudez de la roca y el abrazo del mar; pero también aquí, en los valles guardados de los vientos marinos, crecen la vid y el olivo y el naranjo; también aquí la canción pastoril confunde sus ecos con la barcarola del remero que parte a la pesca del coral, allá en las costas del África, o que conduce, a los que llegan, a visitar la misteriosa «Gruta Azul». Y Capri, como Sorrento, tenía, antes de la guerra, su más copiosa fuente de utilidad en su misma pintoresca belleza, que atraía anualmente a sus playas muchos millares de viajeros, sin contar los potentados europeos y americanos que han levantado «villas» suntuosas en el filo de estas peñas y en la falda de estas colinas.

La ciudad, menuda y concentrada entre las rocas, se recorre en cuatro pasos. Una plaza dormida, como un terrado, las violentas pendientes de la costa, con su fondo de mar y de cielo. Allí veo, entre los grupos que pasean, un artista que toma apuntes. Capri es lugar preferido de pintores, y son muchos los que periódicamente se confirman en la inspiración de esta naturaleza. Observo que un «albergo», y una calle llevan el nombre de «Tiberio». La amable isla no ha olvidado, pues, al tirano que la escogió como refugio de su vejez suspicaz y lasciva; ni parece guardar de él mala memoria, acaso porque con la permanencia del tirano coincide su período de monumental florecimiento e histórica notoriedad. Señálanse aún, en distintas partes de la isla, las ruinas de las doce «villas» famosas que Tiberio construyó para nido de sus amores seniles.

Un camino que trepa en espiral hasta la altura del «Solaro», entre vistas inmensas de montaña y de mar, conduce al

pueblo de Anacapri. Las labradas tierras que lo rodean muestran que es una población de agricultores. Allí encontraréis con quien recordar la patria americana y podréis mantener una conversación en nuestra lengua, porque son muchísimos los anacaprenses que han estado en Montevideo o Buenos Aires; y no escasean, entre ellos, los que han traído de las tierras de Occidente algo más que dulces memorias. Poético abolengo atribuye la leyenda a Anacapri, como que, según la tradición local, fue el Amor mismo, el Eros de Grecia, quien puso los fundamentos de la graciosa ciudad, cuyo origen helénico es, como el de todos los pobladores de la isla, bien claro. Y este origen histórico (y también aquel legendario abolengo) tiene su más firme testimonio en la peculiar belleza de las contadinas de Anacapri; belleza de mármol bruñido por el Sol y el viento del mar; o si las tomáis cuando, al caer de la tarde, van con el cántaro a la fuente, belleza de Nausica, rodeada del candor patriarcal.

Nadie ignora que en las costas de Capri está la gruta famosa donde todo aparece teñido del color del cielo; la «Gruta Azul», cara a la fantasía de los viajeros soñadores. Una barca de cuatro remos me conduce a la gruta, desde la «Marina» de Capri. Pienso contar con las dos condiciones necesarias de esta visita: clara luz y mar sereno. Infortunadamente, en el transcurso del viaje nubes importunas han venido a empañar la antes diáfana claridad de la mañana. Al llegar la barca a la gruta, el Sol se ha velado del todo, y esto quita al peregrino alcázar gran parte de su fantástica belleza, que nace del reflejo de la luz radiante del día, cuando filtrándose al través del espesor azul de las aguas, e impregnándose de su color, lo difunde, como un claro de Luna, en la penumbra de aquella fresca bóveda. Algo de este mágico efecto se percibe, pero muy tenue y enturbiado. Además, el mar empieza a picarse, y como la estrechísima boca de la gruta solo da

fácil paso mientras el agua está enteramente tranquila, debo esperar el momento de salir, tendido en el fondo de la barca en la actitud de un cadáver en su féretro. La «Gruta Azul» fue para mí una decepción. Pero ya hace tiempo que aprendí a resignarme al desengaño de las grutas azules, y la belleza abierta y franca de la circunstante realidad me ofrece, de regreso de aquella fracasada aventura, el desquite de la ilusión desvanecida.

Castellamare, marzo 1917.

Y bien, formas divinas...

(Pensado en la «Sala de la Niobe», de la Galería de los Oficios) ...

Y bien, formas divinas, Ideas de mármol, dioses y diosas, semidioses y héroes, ninfas y atletas, ¿qué os falta para la plenitud del ser, para la realidad entera y cabal? ¿Por qué un glorioso entendedor de vuestra belleza sintió exhalarse de vuestros labios inmóviles la melancólica nostalgia de la conciencia y de la vida? ¿Para qué el beso de Pigmaleón? ¿Para qué el martillazo de Miguel Ángel en la frente de Moisés? ¿A qué vivir, a qué cambiar, cuando se ha llegado a una serena perfección?... Si la vida os hubiera arrebatado en su corriente, el tiempo habría marchitado vuestra juventud, el pensamiento habría quemado vuestra serenidad, la lujuria habría mancillado vuestra carne, vuestra belleza no hubiera sido una sombra fugaz, y hoy compartiríais la muerte con la multitud de generaciones humanas que habéis visto pasar y deshacerse, como nubes de polvo que el viento arremolinara en derredor de vuestro pedestal.

Vuestro ser está perenne en una expresión, en un gesto, en una actitud. Sois un momento eternizado; la inmortalidad del momento en que vuestro carácter ideal se manifestó por entero en una apariencia y en un acto. Todo lo demás de la vida no es sino redundancia o declinación. Cada criatura humana tiene en su desenvolvimiento real un dichoso momento en que culmina; en que sus facultades y potencias llegan al más equilibrado punto; en que la realidad circunstante le ofrece como marco la situación capaz de destacar plenamente la fuerza que trae dentro de sí y que da el por qué de su existencia. Si en ese momento se detuviera para cada uno de nosotros el vuelo de las Horas y quedáramos así eternamente, ¿no valdría esto más que el torbellino de for-

mas sucesivas con que nos precipitamos a la final disolución? Todos merecemos la estatua en alguna ocasión de nuestra vida; todos, hasta los que llevan más hondamente soterrada su chispa celeste bajo la corteza de la vulgaridad, tenemos un instante en que seríamos dignos de quedar encantados en el mármol, con el semblante, con el ademán, con el alma plástica en que volcamos lo más íntimo de nosotros y que no llegaremos a reproducir jamás. Pasado ese instante, vértice en que coinciden, como a la luz de un relámpago, la realidad y la idea, volvemos al dominio de las formas borrosas, de las que solo puede redimirnos la interpretación del artista, restituyéndonos, por milagro y para siempre, a aquel momento único. Vosotros sois los redimidos, los que gozáis de libertad; nosotros, los galeotes amarrados a los remos del tiempo.

No hay manera mejor de soñar para los hombres la inmortalidad de ultratumba, que imaginarla como vuestro estado: una supervivencia de la personalidad, reducida a sus líneas esenciales, a su valor característico, sin la mezcla de lo accidental y disonante, y eternizada en el momento representativo en que trascendió, toda entera, a la acción. Yo me figuro el mundo que se abre al otro lado de la muerte, como una galería de infinitos mármoles; como una asamblea de miríadas de estatuas, que resplandecen en la luz sin aurora ni crepúsculo. Cada alma, sublime o abyecta, angélica o diabólica, perdura allí en la actitud estatuaria que la determina y diferencia: el santo, en el éxtasis de la oración; el poeta, en el vuelo de la fantasía; el héroe, en el ímpetu de la batalla; el asesino, en el arrebato del crimen. Y de la conciencia de cada una de esas actitudes inmóviles, nace la eterna sanción: el testimonio perenne de la culpa en el sentimiento íntimo del réprobo; el merecimiento, en el del justo: infierno y cielo mil veces más eficaces que los de abrasadoras llamas y paradisíacos deleites.

¿Qué os falta, pues, si no necesitáis la sucesión de la vida? ¿La luz de la conciencia que ilumine vuestra eternidad de perfección, para que podáis complaceros en ella?... Pero, ¿es que falta en realidad? Esta luz interior que nos hace espectadores de nosotros mismos, ¿es singularidad del hombre, o es un radical atributo del ser que, en gradaciones y modos diferentes, abarca desde la conciencia del átomo hasta la del humano pensamiento, para remontarse acaso a luces más altas y puras? ¿Qué sabemos nosotros de lo que pasa dentro del animal, de la planta y de la piedra? Solo comprendemos el género de conciencia que nos fue concedido, y cuando ideamos las perfecciones de la Divinidad la hacemos consciente a la manera de nosotros. Y si la posibilidad de las formas de conciencia es infinita, ¿quién puede imaginar el género de luz que cabe en el oculto ser de la obra bella? ¿Quién afirma ni niega el contemplativo arrobamiento, la inefable beatitud, que cautela acaso la impasibilidad helada del mármol donde perdura la Belleza? ¡Formas divinas, arquetipos de mármol! Si la gota de agua que se desploma confundida en la curva del Niágara mira, al pasar, las inmutables rocas de la orilla, no las verá con otro sentimiento que el que yo, gota de agua en el torrente que rueda a la muerte y al olvido, os consagro a vosotros, inmutables en vuestra ideal serenidad. Devorará el tiempo su periódica ración de cosas nobles. Se apagará el color en las telas donde fijó el Renacimiento sus visiones radiantes, y ya solo vivirán en la copia y en el recuerdo. Dejarán de hablarse los idiomas en que hoy se expresan los hombres; y así, de la palabra del poeta no restará sino la idea mutilada en sus connaturales alas de armonía. Pero para vuestra juventud no habrá desmedro, para vuestra gloria no habrá ocaso. Hombres nuevos, cuya concepción de la vida y de las cosas nos produciría, si alcanzáramos a vislumbrarla, el vértigo de lo incomprensible, se detendrán ante vuestra

hermosura, que es la hermosura humana en su más genérica y simple idealidad, y la sentirán cabalmente, como sentirán la belleza de la puesta del Sol y la del mar, y la de la montaña. Y luego pasarán esos hombres, y sus imperios serán humo, y sombra sus pasiones, sus verdades, sus leyes y sus dioses, y vosotras quedaréis, serenas como las estrellas del cielo. ¡Formas divinas, arquetipos de mármol!

Florencia, 1916.

Recuerdos de Pisa

Hay un particular matiz de tristeza que me parece propio de los pueblos que un día fueron poderosos y grandes y que han perdido la actualidad de la gloria, pero no la dignidad de los hábitos ni la idea de sus tradiciones. Es la tristeza de la casa de hidalgos de donde ha desertado la fortuna sin llevarse consigo la distinción ni la altivez. Es un sentimiento melancólico que se filtra al pasar por los «dejos» de la grandeza secular, por la costumbre adquirida del respeto ajeno; por la conciencia, a un tiempo abrumadora y enaltecedora, de una historia que no ha de superarse nunca ... Algo de esto se me figuró percibir en Portugal, donde las saudades de la gloria pasada ponen como una suave penumbra en el carácter de las gentes y de las cosas. Y algo de esto también percibo en el silencio y la quietud de Pisa.

Pisa, la batalladora, la hacendosa, la inspirada; la que custodió, por tres siglos, contra la barbarie sarracena, el *Mare Nostrum* de la civilización, y reconquistó a Cartago para los herederos de Roma; la que soltó a los vientos de Oriente las velas de sus barcos y llevó a los cruzados al rescate del sepulcro de Cristo; la que, con los mármoles de sus arquitectos y sus estatuarios, anunció en la noche la aurora del Renacimiento; la que, ya abatida de su prosperidad, ganó aun otro género de gloria y enseñó al mundo, con el más grande de sus hijos, los secretos del cielo... Ahora duerme... pero su sueño es admirable.

Todo concuerda armoniosamente en ella para sugerir una impresión de tristeza noble, de elegía en tono heroico. El Arno, atravesado a largos trechos por los puentes que unen los dos barrios de la ciudad, pasa lento y opaco. Parece que recuerda, parece que piensa... La soledad, el silencio, dulces númenes por que suspiráis en otras partes, no necesitan

ser buscados en esta sede de meditación: ellos os esperan a la puerta. Las maravillas monumentales que atraen el paso del viajero, están reunidas todas en el punto más apartado y desierto de la ciudad. El Campo Santo es, artísticamente, la mitad de Pisa, y él os presenta la idea de la muerte en su forma más sencilla y austera. La inclinación del Campanille es también, a su modo, expresión de abatimiento, de laxitud meditabunda. El mismo cielo, este cielo ideal de la Toscana, contribuye aquí al carácter que señaló, por que manifiesta su más divina transparencia en la agonía de la luz. Yo no he visto en parte ninguna morir la tarde de manera tan soberanamente bella como en Pisa. Mirando desde la curva del Lugarno, veis al Oriente, sobre la ciudad oscura, la montaña, que se envuelve en un suavísimo velo de rosa, mientras, como cincelada en el oro del ocaso, resalta la vieja «Torre de la Ciudadela» y se aureola con la última llamarada de Sol, de modo que las encendidas troneras de la torre semejan las dos pupilas de un gigante, que os miran... os miran... hasta apagarse en un momento de adiós.

Junto a toda grandeza caída veréis alzarse el improvisado favor de la fortuna. El mar, también infiel con Pisa, la dejó paulatinamente sin puerto, retirándose empujado por las arenas del Arno; y sobre la ruina de su florecimiento comercial, se levantó a la animación y la riqueza la cercana Liorna, ciudad de tiendas y almacenes; ciudad sin arte, ni recuerdos, ni sugestión ideal, aunque con playas balnearias muy hermosas, que no bastan para conquistarme a mí, de la margen oriental del Río de la Plata. Mientras Liorna trafica y lucra, Pisa la marta reconcentra la melancólica mirada en su gloriosa Plaza del Duomo, lugar de hierba y de Sol campo de soledad, donde guarda sus cuatro alhajas de mármol: el Duomo majestuoso, el incomparable Baptisterio, el oblicuo Campanile y el Campo Santo, historia de piedra y tesoro de arte. No

incurriré en la trivialidad de pintaros estas cosas, que entran en el orden de las que son familiares a toda persona de alguna lectura, descriptas como están, desde las reseñas de las guías hasta los comentarios de los maestros. Duomo, Baptisterio y Campanile tienen por carácter común los cordones de columnas sobrepuestas, formando remontados pórticos; y nada iguala la levedad, la gracia, la armonía de ese desenvolvimiento aéreo de las columnas, que multiplican, sobre el fondo de radiante luz sus esbeltos fustes blancos, y parecen levantar en su vuelo todo el cuerpo de la obra, de modo que no aparente pesar sobre la tierra.

Si se tratara de encarecer la belleza de este Campanile preferiría, sin duda, no haber visto luego el de Florencia, joya finísima que el césar Carlos V hubiera deseado preservar bajo un fanal; estupendo alarde de Giotto, en que el mármol adquiere la delicadeza y el primor del marfil pulido y taraceado. En cambio, pienso que Florencia trocaría sin vacilar el Baptisterio de su Duomo, a pesar de las puertas de Ghiberti, por este prodigioso Baptisterio de Pisa, agigantada copa de Benvenuto; rotonda la más bella y majestuosa que hayan visto mis ojos ni conciba mi imaginación. El dibujo del Campo Santo cabe en pocas palabras: cuatro muros de mármol y un recuadro de tierra, rodeado de otras tantas galerías, que abren sobre él sus arcos ojivales. En las galerías, pinturas desvanecidas por el tiempo y mármol de estatuas y sepulcros. Nada más que esto. Pero ¡qué digno y penetrante sentimiento en esa suprema sencillez! ¡Qué feliz abandono en el florecer desordenado y libre de ese montón de tierra sagrada, a los pies de los cuatro gigantescos cipreses, tan admirablemente puestos en los ángulos del patio inundado de luz! Y en las esculturas funerales y los apagados frescos ¡qué mundo de evocaciones, de emociones, de ideas, para quien se acerque a ellos, ya con el entendimiento del arte, ya con

el entendimiento de la historial Por la noche, recorrida esta ciudad añeja y triste, en la medio oscuridad a que se reduce el alumbrado desde el principio de la guerra, completa admirablemente su carácter. Abandonándome entonces, sin rumbo, por aquellas callejuelas tortuosas, entre aquellos muros de castillo, bajo aquellas arcadas vetustas, yo experimentaba la ilusión de que bogaba contra la corriente del tiempo. En este andar contemplativo, cualquier insignificante accidente, un ruido de pasos, el temblor de una luz detrás de un ventana, el acorde de un instrumento musical, que el eco diluye en el silencio, surten en la imaginación el efecto de mágico conjuro, y bandadas de recuerdos acuden a desenvolver la impresión real en una soñada perspectiva. Yo sentía iluminarse en mi interior, con más fuerte colorido que nunca, todo el cuadro de esta maravillosa Italia del crepúsculo de la Edad Media; toda la vida legendaria y dramática, cívica y guerrera, enamorada y devota, de estas ciudades donde el mundo feudal dio de sí los primeros fulgores de la civilización moderna. Me representaba, viendo cómo todo habla, en la estructura de la ciudad, de la prevención para el peligro y la defensa, el perenne hervor de discordia, el implacable desgarramiento de los bandos, blancos y negros, güelfos y gibelinos, y la imagen de nuestro reciente pasado americano se levantaba en mi memoria como término de comparación.

Si la América de la primera mitad del siglo XIX, con las alternativas del tumulto popular y de la tiranía aquietadora; con el mal donado fondo de barbarie, sobre el que cruzan magníficos relámpagos de heroicidad y sacrificio, de virtud y abnegación; con la soberanía natural del caudillo, del conductor de multitudes, que aquí era el capitana del *pópolo* o el *podestá*, encaramado por un golpe de audacia, para mostrar alguna vez, como sucedía en el caudillo nuestro, la garra leonina, y levantarse, con los Burlamaschi y los Castruccio

Castracani, por sobre la línea que separa al *condotiero* del César. Claro está que pone una diferencia, en medio de las semejanzas, el creador aliento de arte que soplaba entre las convulsiones de aquel caos.

Dos sombras flotan a mi alrededor desde mi primera mañana de Pisa: la sombra de Dante y la de Byron.

—En la Plaza de los Caballeros, que antes se llamó «de los Ancianos», oro de la vieja república, una inscripción en una casa ruinosa, que hoy ocupa humilde taller de imprenta, dice así:

> Quí sorgeva la torre del gualandi.
> La trágica morte del conde Usolino della Gerardesca le die il titolo della Fame e suscitó nel divino Alighieri lo spegno ed il canto donde il ricordo del miserando caso si eterna

La pavorosa torre que vio al caudillo güelfo y a sus hijos perecer de hambre; el proscenio de la más trágica de las escenas que arrancó a la realidad de su tiempo el soberano poeta de lo divino y de lo humano, no existe desde hace más de dos siglos. Pero la imaginación reconstruye la torre fácilmente, inspirándose, allí donde estuvo, en la plástica energía del episodio dantesco. Las cosas circunstantes no se oponen a esa representación. Al lado veis el que fue «Palacio de los Ancianos», transformado, al gusto del Renacimiento, por Vasari, y convertido ahora en Escuela Normal. A la derecha, la Iglesia de los Caballeros ocupa el lugar de la «de San Sebastián», donde se reunió el consejo que pronunció la infame sentencia. Gozo, pues, de la visión en su alucinante plenitud. Oigo el chirriar de la llave que se cierra tras los sepultados vivos; veo el grupo macilento que pide pan, y se me figura que retumba en los aires la imprecación desgarradora:

¡Ahí dum terra, perché non t'apristi!

Horas más tarde, me muestran, al través del Arno, sobre la margen izquierda del río, la casa donde, según la tradición, se hospedó el altísimo poeta, acogido en Pisa por el vencedor Ugoccione della Faggiola, cuando lo más recio de la lucha entre güelfos y gibelinos. Durante su permanencia aquí, escribió gran parte de su tratado político De la Monarquía y aquella carta suya, de tan vibrante «italianidad», a los electores del sucesor de Clemente V. Por entonces también, mecía en su pensamiento el Purgatorio: no la parte más llena de fuerza, pero sí, quizá, la más empapada de suave y comunicativo sentimiento, en la sublime trilogía; la parte en que dio ser poético a sus más nobles y encantadoras criaturas, amables sombras que me parece ver vagar entre las copas de los árboles que circundan la casa donde, posiblemente, fueron concebidas: Pía la infortunada; Nella la fiel; Lía y Matilde, dulcísimas maestras, y sobre todas, la celeste Beatriz.

En cuanto a Byron, sabido es que vivió diez meses en Pisa, poco antes de ir a doblar la frente en el regazo de la Hélade materna. Una lápida que veo sobre un muro, en el Lungarno Mediceo, evoca en mi memoria la figura del misántropo lord y los recuerdos de su paso por la ciudad de la inclinada torre:

> Giorgio Gordon Noel Byron qui dimoró dell'autunno del 1821 all'estate del 1822 e scrisse sei can ti del «Don Giovanni».

Esta vieja mansión, que consagró la presencia del poeta, es el Palacio de Lanfranchi, nombre que los tercetos dantescos envuelven en su imperecedera resonancia, citándolo entre los de los cómplices del terrible arzobispo Rugiera. Atribuyen el diseño del palacio a Miguel Ángel. El mármol de la fachada tiene ese color indefinible, que no sé cómo llamar, si no me

dejáis que diga «color de tiempo». De allí, pues, salió para el mundo la más bella de las reencarnaciones de don Juan. Y allí vivió Byron mismo su más interesante episodio de amor. Esas paredes, que parecen de una tétrica cárcel, fueron testigos de su famosa aventura con la Condesa de Guiccioli, la única mujer que, por algunos años, encadenó su inconstancia; flor de delicadeza, de gracia y de melancolía, cuyo aspecto casi infantil sugirió la leyenda de la amante impúber, que aún se suele repetir vanamente a pesar de los veintitrés años cumplidos que, a la fecha de estos amores, se le han contado a la heroína de la historia.

—La Condesa de Guiccioli, que tenía un escogido sentimiento literario, prefería inspirar hermosos versos a escribirlos, y la Profecía de Dante, que es de las obras menores contemporáneas del Don Juan, fue sugestión venida de ella. Por lo demás, la vida del romancesco personaje, durante su temporada de Pisa, no dejó otros recuerdos que la de un lord castizamente metódico y fiel a los sports. Al declinar la tarde, salía, en cabalgata de amigos, por la «Porta delle Piagge», prolongación del Lungarno Mediceo, o con rumbo a las «Cascine di San Rossore», donde se adelantan hacia el mar hermosos bosques de pinos. Antes de la vuelta, solía detenerse para tirar a la pistola, ejercicio en el que citaba uno de esos piques de vanidad que los grandes ponen a menudo en sus habilidades pequeñas. Cuando regresaba del paseo, la jovial expresión o la displicente frialdad de sus saludos mostraban a las claras si había ganado o perdido la partida.

Fue aquí donde pasó por la mente del autor de Don Juan, la idea de ir a buscar libertad y sosiego en la recién emancipada América española. Pero se cruzó la insurrección de Grecia: Grecia fue nuestra rival y quedó de preferida. Y fue asimismo aquí donde concertó con Shelley, que viajaba como

él por Italia y con otro escritor amigo, Leigh Hunt, la publicación de un periódico en Londres.

—Sabedlo, compañeros de profesión, los que no lo sabíais. El espíritu más rematadamente aristocrático de la literatura del siglo XIX militó también en nuestro gremio. ¡Lord Byron redactor de periódicos! (Recuerdo el tono despectivo de Momsen para caracterizar a Cicerón: ¡Era un «periodista!»...). Sí, por cierto; y su periódico se tituló como el de cualquier moderno paladín del libre pensamiento provinciano: se tituló *El Liberal*. El liberalismo estaba entonces en su fresca aurora, y tenía para las almas de elección el singular prestigio de las ideas que aún no han pasado a incorporarse a los bienes mostrencos del sentido común. Los micifuces y zapirones de 1822 eran, por lo general, conservadores. El rebelde Harold, aunque no hubiera opinado contra ellos por su generosa pasión de libertad, se les hubiera opuesto por soberano instinto de contradicción.

—¿Y a que no acertáis cuánto duró el periódico de Byron?... ¡Tres números! Bien es verdad que sobrevino, para malograr la empresa, la arrebatada muerte de Shelley.

Shelley, el pagano por el pensamiento y por el arte; el intérprete del furor de Prometeo, el no superado precursor de la apología satánica, que conoció nuestra generación en las letanías de Baudelaire y el himno de Carducci, halló la muerte, con el vuelco de la barca que le conducía, en el golfo de Spezia. Byron quiso tributar a su hermano en rebelión y en genio un funeral antiguo. A la orilla del mar homicida, sobre la desierta playa de Viareggio, con las montañas apuanas por fondo, hizo encender la hoguera mortuoria. En ella vio consumirse el cuerpo del poeta, menos su corazón, que resistió a las llamas y fue conservado en espíritu de vino. Terminada la austera ceremonia, se lanzó de un ímpetu al mar y, nada-

dor intrépido como era, llegó braceando hasta su schooner, anclado a varias millas de la costa.

—¿Qué lector americano habrá que no recuerde con orgullo que el yacht de Byron se llamaba Bolívar? Pero aún esperaba al indomable Harold, en este sombrío palacio de Lanfranchi, un dolor más agudo. Pocos días antes de alejarse de él, supo la muerte de su hijita de cinco años, Allegra, que educaba en el convento de Bagno Cavallo. La paternidad fue siempre como un hilo de aguas dulces en aquel corazón de soberbia y amargura. Cuando volvió del doloroso estupor que la Condesa de Guiccioli refiere en sus memorias, escribió a un amigo de Londres para que su ángel fuera enterrado en el cementerio de Harrow, donde él solía vagar en su niñez meditabunda, y quiso que en la lápida se inscribiesen estas palabras, tomadas al Libro de los Reyes: ¡Yo iré hacia ella; ella no vendrá más a mí! Esos recuerdos se despertaban en mi espíritu mientras, antes de abandonar a Pisa, la recorría de nuevo en serena tarde de Otoño.

—Me inclino con el pensamiento al pasar por una casa cuyo frente reparan: es la vieja «Sapienza», donde enseñó Galileo y estudió Carducci y que aún mantiene sus pres tigios; admiro, cruzando uno de los puentes, la fili grama de mármol de «Santa María de la Espina...» y vuelvo, una vez más, a la Plaza del Duomo, y me extasío ante el Baptisterio, que cada vez encuentro más hermoso, y me sumerjo en la divina serenidad del Campo Santo, cuyos cuatro cipreses me parecen ya viejos amigos a cuya sombra no sería ingrato dormir.

Noble es la tristeza de Pisa, pero por noble llega más a lo hondo del alma; y como penetrado del llanto de las cosas —*sunt lacrimae rerum*— empezaba a sentirme excesivamente melancólico, cuando he aquí que, de vuelta a mi alojamiento, me envuelve de improviso una onda fervorosa de juventud,

de alegría, de entusiasmo y de patria. Es un grupo de jóvenes venezolanos, que siguen en esta ilustre Universidad sus estudios de medicina y que, conocedores de mi presencia, me forman, para mis restantes horas de Pisa, el más afectuoso y grato acompañamiento que yo hubiera podido imaginar. «Arielizamos» en sobremesa platónica; recordamos largamente la América lejana y querida, y les oigo, con íntimo deleite, sobre aquel fondo de grandezas muertas, levantar los castillos de las tierras del porvenir.

En la ribera izquierda del Arno, donde está el barrio relativamente moderno y donde, en correspondencia con esa modernidad, se levanta la estatua de Víctor Manuel, la ciudad adquiere cierto movimiento, cierto ruido, cierto resplandor de vidrieras, y por lo mismo, se caracteriza un tanto. Allí podrían holgar los futuristas de Marinetti, que piden, según acabo de leer entre los lemas de su periódico, la «*modernizzazione violenta delle citá passatiste*». ¡Y no hay duda de que esta ciudad entra en el número de las señaladas de ese modo! Un aspecto callejero de la Pisa actual: pisanos y pisanas gustan extraordinariamente de la bicicleta.

Estas modernas máquinas, no rara vez dirigidas por leves pies femeniles, cortan en raudos zigzags la soledad de la vetusta Vía del Borgo o de la Plaza de los Caballeros, donde aún se figura la imaginación en tiempos de Ugolino. No me parece mal. Pero confieso que preferiría, dentro de tal marco, literas y carrozas, o los caballos de la paseata que interrumpe «el triunfo de la Muerte», en el famoso fresco del Campo Santo.

Florencia, octubre 1916.

Anécdotas de la guerra...

Cuando Edmundo de Amicis decía que para consolidar la trabazón de su unidad, necesitaba un gran sacudimiento guerrero, una de esas conmociones heroicas que hacen vibrar, del uno al otro extremo, el esqueleto de un organismo nacional, pensaba en una exaltación de la conciencia colectiva, como la que ha provocado, efectivamente, esta guerra. Italia sabe que pasa por la hora de prueba de que debe salir magnificada y perdurable. El génesis histórico de la Italia nueva recuerda coronarse con un final más épico y glorioso —en el sentido de la gloria guerrera—, que la ocupación de la Roma pontificia. Y a ese final va, consciente y entusiasta, el alma de este pueblo. Percibís a cada paso la seguridad, la confianza con que tiende a él. Es, el que flota en el ambiente, un entusiasmo diáfano y sereno, al que la misma integridad de la esperanza que lo anima parece privar de los borbotones de aquel otro febril entusiasmo que alterna con la angustia. No hay tiesura marcial, no hay solemnidad trágica. Mientras el golpe del cañón deshace, palmo a palmo, las fronteras, y los hilos de sangre descienden por las vertientes alpinas, el alma despreocupada y ardiente de la raza sigue entonando, en las ciudades bruñidas de Sol, su eterna canción de juventud y de alegría. A no ser por la oscuridad nocturna de las calles, en previsión de los ataques aéreos, y por las relativas incomodidades de la presentación a la Cuestera, para la *dichiarazioni de soggiorno*, nada haría sospechar al viajero que no se vive en tiempo de paz.

¡Cuánta mayor tristeza he visto yo difundirse en la atmósfera de Montevideo, durante nuestras temporadas de guerra civil, que en el ambiente de estas ciudades italianas, hasta cuyas puertas llegan las llamaradas del más atroz encendimiento de guerra que hayan presenciado, ni acaso puedan

presenciar, los siglos! El fondo heroico, que encubre esa sonriente máscara, da asidua razón de sí allá donde se lucha y se muere. Cien episodios lo manifiestan cada día. Contados en las reseñas de los periódicos o en las cartas de los soldados; dando motivo al comentario de los salones y de los corrillos populares, son la crónica donde rasgarán mañana su crisálida las leyendas de esta magna gesta patriótica. Un diligente periodista, el señor Giuseppe de Rossi, ha tenido el oportuno acuerdo de coleccionar los más interesantes y significativos de esos episodios, en un volumen que se lee con agrado y emoción.

Hay allí rasgos de temerario ímpetu, de serena impavidez, de conformidad estoica, de astucia inteligente y de atlética destreza.

—La gallardía del valor personal aparece en casos como el de aquel alpino, que, encontrándose él solo, en una exploración, con media compañía de austríacos, la hace frente, escudado en una hondonada, desde donde apunta sus tiros con tal precisión que contiene y ahuyenta a sus perseguidores. O bien, el teniente de artillería que, después de ver sucumbir sucesivamente a tres soldados que enviara en observación de una batería enemiga, no quiere seguir aventurando más vida que la suya, y marcha él mismo a afrontar la muerte probable.

Otros ejemplos hablan de fortaleza de ánimo, de energía en la adversidad. Así, el del cabo que, en el ataque del Freikofel, mutilado de un brazo, se niega a dejarse retirar como herido, y sigue adelante difundiendo voces de aliento y entusiasmo. Así también, el del oficial de «bersaglieri» a quien una granada ha tronchado las dos piernas, y que, en las convulsiones del dolor, se aprieta los labios con la mano para ahogar sus lamentos, que pueden descorazonar a los que pelean.

¿Y el episodio referido por D'Annunzio, del artillero que en la defensa de la Isla Morosina, roto el hilo del teléfono que trasmite a las baterías las órdenes del comandante, se ofrece para ir a reponerlo y entre espantosa lluvia de metralla permanece firme hasta finalizar la operación, después de la cual se desploma con las espaldas rojas de sangre, herido de muerte? La malicia de Ulises, la travesura épica, tan propia del carácter de esta raza fina y sutil, pone frecuentemente su scherzo entre las notas trágicas, y sugiere ardides ingeniosos, como el de los sombreros de plumas y los cigarros encendidos que, colocados en las trincheras provocan al enemigo a malgastar sus municiones, mientras, por allá cerca, los soldados huelgan y ríen.

Dos anécdotas hay que me parecen las más bellas; una por su irradiación de nobleza y de piedad; otra por el heroísmo precoz, que se aureola de martirio.

Era en los primeros días de la guerra. A la aproximación de las armas italianas, los austríacos desocupaban una de las pequeñas ciudades fronterizas, y la parte inerme de la población, viejos, niños y mujeres, evitando ser arrastrada en la marcha del extranjero, se apresuraba a escapar, buscando el amparo del ejército reconquistador. Una mujer del pueblo sale despavorida, de la ciudad, con sus dos niños en los brazos, y en la soledad del campo se orienta, angustiosamente, hacia donde ha visto flamear la tricolor que anuncia la salvadora presencia de la patria. De súbito, la pobre mujer se siente envuelta en el estrépito y el fulgor de la pelea: está entre los fuegos del ejército que avanza y del que se retira. El espanto la mantiene, por un momento, inmóvil y trémula, apretando contra su corazón a los dos niños que lloran. Pero ve la tricolor que se adelanta; que, como un relámpago irisado, abre aquí y allá las nubes de humo, y cerrando los ojos, corre arrebatadamente hacia ella. Los soldados de Italia ven

aparecer, ante la boca de sus fusiles, aquella trágica visión de la madre abrazada a su viviente tesoro. Continuar el fuego es probablemente matarla; suspenderlo es alentar al enemigo, que no se da tregua en el suyo.

—Una voz de mando, que brota vibrante, como sugerida por inspiración común, resuelve toda vacilación: «¡Cese el fuego!» ... Y en tanto que las armas se abaten y dos «bersaglieri» se adelantan a recibir en sus brazos a la mujer que desmaya de cansancio y de angustia, las descargas del enemigo, reanimadas con el inesperado silencio que las contesta, siembran la muerte en aquellas filas que inmoviliza la piedad.

El otro caso es de un chicuelo heroico, de un «niño sublime». Acosado, en campo abierto, un batallón italiano, por los fuegos de la artillería austríaca, había buscado la protección de un alto muro de piedra. De pronto, entre las matas que orillan el camino, ven los parapetados aproximarse, agitando un pañuelo blanco, un niño, un aldeanito harapiento, teñido de Sol y de polvo. «Le preguntan qué quiere».

—«Ayudar en lo que pueda —responde—. Estoy solo. Mi padre, mis hermanos, todos han muerto en la guerra. Yo conozco bien este terreno». Y trepando como un gato sobre el muro, se pone a avizorar, temerario centinela, el campo enemigo, a fin de indicar el punto de donde partían sus fuegos y la senda por donde convenía tomar para salir de su alcance. Los soldados le instan a que baje de allí. El, impávido, continúa observando; con palabras y señas transmite lo que ve... y en el momento en que se dispone a bajar y cien brazos impacientes se tienden para ayudarle, una bala hace pedazos la inocente cabecita, y el cuerpo ensangrentado rueda al pie del muro, entre un irrefrenable grito de compasión y de dolor.

No se sabe su nombre. No queda de él más que del pájaro abatido de la rama por el golpe del granizo. Glorifiquémosle

dentro de la advocación simbólica del *Gavroche* de Victor Hugo.

Milán, 1917.

La literatura posterior a la guerra

Se me pregunta si creo en el advenimiento de una «literatura de guerra», de una literatura en que la guerra encuentre su expresión. Se me pide además que manifieste mi idea del sentido en que ha de producirse la evolución literaria después de los acontecimientos que parecen remover el eje del mundo. He de separar, ante todo, esta última inquisición. Concedo escasa fe a los augurios en materia histórica, ya se trate de historia literaria o política. Téngolos por necesariamente falsos, a lo menos cuando se procede por vía de razonamiento y no de intuición inspirada, como el que goza del don de profecía. El razonamiento es incapaz de dominar, en su complejidad infinita, el génesis del hecho histórico, que escapa así a cualquiera anticipación que no sea la concedida al visionario. Todo hecho, todo eslabonamiento de hechos, son cosa esencialmente nueva y única, y la experiencia del pasado no puede cooperar a la previsión del porvenir en mucho mayor grado que el análisis de los sorteos puede dar luz sobre la bolilla que caerá mañana. Nadie como el gran Schopenhauer ha mostrado la radical vanidad de todo cálculo que se aplique al curso desigual, errabundo de la historia, de toda la ley que quiera imponerse en ella a título de inducción, y la sonrisa helada del genial misántropo se ilumina en mi espíritu siempre que veo renovarse el empeño de arrebatar con los medios de la lógica, el secreto del futuro.

Pero es indudable que la dificultad puede ser menor cuando el propósito se limita a una previsión no afirmativa: no a definir aquello que ha de ser, sino simplemente a eliminar algo de lo que no ha de ser.

Los que esperan, o temen una literatura de penacho heroico, patriótica en el tono guerrero, narradora y soñadora de batallas, es probable que acierten en cuanto a la inmediata y

transitoria repercusión que esta tremenda realidad que presenciamos tendrá en el despertar de la imaginación humana; pero es casi seguro que se equivoquen, si entienden que eso puede ser el carácter duradero de la evolución literaria en que verdaderamente trascenderá la obra social y espiritual de la guerra. Asistiremos a una explosión estruendosa y fulgurante de lirismo marcial y de narraciones épicas, de pasión y orgullo de patria y de alardes de fuerza y de poder; pero nada de ello brotará de las hondas entrañas de la conciencia social, donde se preparan aquellas direcciones ideales capaces de prevalecer por largo tiempo y de marcar huella en el mundo. Será, por decirlo así, el «acto reflejo» con que la imaginación fascinada responderá a la primera impresión de la victoria. Pero el gran impulso de renovación literaria que infaliblemente ha de sobrevenir, llegará más bien como reacción que como desenvolvimiento de esa fugaz literatura guerrera.

En los albores del siglo pasado todo era guerra en el mundo, y los milagros heroicos, e inauditos ejemplos de la transformadora fuerza de las armas, y las generaciones que abrían los ojos a la luz recogían de la viva realidad imágenes más portentosamente épicas que las que podían ofrecerles la ficción o la historia. Una literatura caduca y exánime prolongaba ficticiamente sus moldes, mientras la atención humana se concentraba, toda entera, en aquella maravillosa realidad. Todo anunciaba que la transformación literaria había de ser tan vasta y profunda como la transformación social y política. Y del ambiente predispuesto por el glorioso cuarto de siglo de la revolución y de las guerras napoleónicas nació, realmente, una de las más radicales transformaciones literarias de que haya ejemplo en la historia de la humanidad; pero esa transformación fue el romanticismo, literatura nada heroica ni triunfal, más íntima que colectiva, más inclinada al recogimiento melancólico que al estrépito de las batallas,

aunque demasiado compleja para que pueda negársele, sin relativa inexactitud, ninguna de las cuerdas de la lira. De aquellas generaciones infantiles, cuyo deslumbramiento ante la gloria de las armas y las pompas de la apoteosis imperial pintó tan animadamente Alfredo de Musset en las primeras páginas de la *Confesión de un hijo del siglo*, salieron, pocos años más tarde, los nostálgicos soñadores, los heridos del amor trágico, los atormentados del tedio y de la duda, para quienes el espectáculo del mundo exterior era apenas un episodio subordinado al drama de la propia conciencia. En el temperamento épico de Victor Hugo halló la leyenda napoleónica colores y armonías que la glorificasen, pero esta rama de lirismo rememorador de victorias queda confundida y dominada en la frondosidad del más espeso roble de poesía que hayan contemplado los siglos.

La gloria de la guerra, como motivo de interés humano que trascienda en el arte, es cosa superficial, efímera, y para decirlo en una sola palabra, «infantil». Me refiero al arte de los tiempos de civilización madura y compleja. El mismo sentimiento de grandeza nacional, de ostentación, de imperio, de predominio y expansión de una raza encumbrada por la victoria, es escaso y precario como fondo de una literatura. Lo más frecuente es que apenas la voluntad heroica de un pueblo ha alcanzado para él la más alta cima de la fortuna y del poder, el pensamiento de ese pueblo, movido por el dejo amargo de toda aspiración satisfecha, tome el declive de pesimismo que lleva a considerar, por abajo de las glorias del mundo, la irreparable miseria del destino humano. Son, por el contrario, las razas humilladas, que mantienen despierta la conciencia de su ser colectivo, los que encuentran fuentes de honda y persistente poesía en el sueño de gloria nacional, que entonces se levanta sobre ellos con la idealidad de

la esperanza y la incontaminada belleza de todas las Tierras Prometidas.

La relación entre el carácter social y el literario se establece a menudo en forma que lo que este último interpela es el anhelo, acaso inconsciente, del primero, de ser lo que no es, de adquirir lo que le falta, de romper los límites del hábito y las imposiciones del ambiente. La vida de la imaginación es el desquite de la vida real. Por la imaginación pacífica tenderán los pueblos a quitarse el sabor de la guerra. Pasa colectivamente como en lo que se refiere al carácter que cada autor infunde en sus escritos: la parte de personalidad puesta en transparencia por la obra no es siempre la misma que el hombre manifiesta en la sociedad y en la acción, sino, con mayor frecuencia otra más íntima, tal vez contradictoria con aquélla, y que busca el regazo de la fantasía para tregua y olvido de la realidad. Los poetas-soldados del Renacimiento componían églogas e idilios. Moliere y Moratín reían poco, y tenían poco de que reír, en el escenario del mundo.

La guerra traerá la renovación del ideal literario, pero no para expresarse a sí misma, por lo menos en son de gloria y de soberbia. La traerá porque la pro funda conmoción con que tenderá a modificar las formas sociales, las instituciones políticas, las leyes de la sociedad internacional, es forzoso que repercuta en la vida del espíritu, provocando, con nuevos estados de conciencia, nuevos caracteres de expresión. La traerá porque nada de tal manera extraordinario, gigantesco y terrible, puede pasar en vano para la imaginación y la sensibilidad de los hombres; pero lo verdaderamente fecundo en la sugestión de tanta grandeza, lo capaz de morder en el centro de los corazones, donde espera el genio dormido, no estará en el resplandor de las victorias ni en el ondear de las banderas, ni en la aureola de los héroes, sino más bien en la pavorosa herencia de culpa, de devastación y de miseria:

en la austera majestad del dolor humano, levantándose por encima de las ficciones de la gloria y proponiendo con doble imperio, al pensamiento angustiado, los enigmas de nuestro destino, en los que toda poesía tiene su raíz.

Una entrevista con Bernardino Machado

En el palacio de Belem, donde en tiempos de la monarquía se alojaba a los huéspedes reales y donde la república tiene establecido su Elíseo, visito al Presidente de Portugal.

El sitio es retirado y de hermosas vistas. El palacio, mediana construcción del siglo XVII, está circuido por amenos jardines y custodiado por esa serenidad y ese silencio que, si son ambiente propicio para la musa del poeta, debe pensarse que lo sean también para la Egeria de los hombres políticos, como lo fueron para la de Numa.

Don Bernardino Machado, el jefe actual de esta nación, es hombre de conspicuos antecedentes en el desenvolvimiento de la propaganda republicana y en los primeros esfuerzos por la organización del nuevo régimen. Llegó a la vida política con su reputación de antiguo catedrático de la Universidad de Coimbra, la Salamanca de Portugal. Presidió el directorio republicano en los últimos tiempos de la monarquía; fue el ministro de Negocios Extranjeros del gobierno revolucionario, y el primer embajador, en el Brasil, de la recién constituida república. Terminado en agosto de 1915 el período presidencial del famoso historiador Teófilo Braga, fue elegido Machado para sustituirlo. Su carácter ecuánime y conciliador ha contribuido grandemente, en solo diez meses de gobierno, a despejar de tropiezos el camino de las nuevas instituciones. El ilustre estadista ha pasado los sesenta años; pero su palabra abundosa y vibrante y la dominadora vivacidad de sus ojos, manifiestan que la llama juvenil arde en su espíritu. Tiene, sobre sus condiciones eminentes de inteligencia y de carácter, el atributo sin el cual la autoridad carecerá siempre de uno de sus prestigios esenciales: la distinción personal. Grave sin afectación, llano sin vulgaridad, de una cortesía

en que se reconoce al punto la tradición inconfundible de la raza, don Bernardino Machado es el caballero que gobierna.

Tratándose de un americano que le visita, se complace en recordar que la Argentina, el Uruguay y el Brasil, fueron las tres primeras naciones que se relacionaron, en Portugal, con el gobierno republicano. Esto me ofrece ocasión para asegurarle que si la revolución de 1910 fue recibida en América con vehementes simpatías, hay un hecho que aún nos parece más digno de admirarse que la implantación de la república, y es la consolidación de la república.

—En efecto —me dice—, el nuevo régimen puede considerarse, definitiva, absolutamente arraigado en Portugal. La monarquía ha pasado a la condición de una idea histórica. Atravesamos, en los primeros tiempos de la revolución, el natural período de inestabilidad: las fuerzas que el movimiento republicano contenía virtualmente necesitaban diferenciarse, organizarse, ocupar cada una su lugar y asumir la función que le era propia. Esta evolución se ha cumplido, y de ella ha resultado el orden. Tres gran des agrupaciones ocupan hoy el escenario político, de las cuales dos colaboran en la obra del gobierno: el partido evolucionista, que es como la derecha de la república, y el partido radical-democrático.

Con pinceladas llenas de expresión pone ante mis ojos la imagen de los dos hombres más representativos de su ministerio: el jefe del evolucionismo, Antonio José de Almeida, espíritu arrebatado y ardiente como un relámpago, en la hora de la lucha, pero dotado luego de un inmenso poder de simpatía, de una de esas fuerzas de atracción que obran independientemente de las ideas, porque vienen de lo hondo de la personalidad; y el caudillo radical Alfonso Costa, una inteligencia de diamante y una voluntad de acero.

—Cada una de las colectividades que ellos representan —agrega—, trae distinto concurso de elementos sociales a la

obra común. El evolucionismo ha conquistado la cohesión de las fracciones desprendidas del antiguo régimen y la simpatía de las masas rurales. El partido radical-democrático recibe, sobre todo, su fuerza de la pequeña burguesía. Es, en realidad, la pequeña burguesía la que hizo nuestra gran revolución. Tenía para ello mayores aptitudes que las altas clases, con sus tendencias naturalmente conservadoras, y que el pueblo, con su deficiente preparación para acoger de inmediato la idea revolucionaria. Queda, dentro de la república, una tercera agrupación, que no ha aceptado participar activamente en mi gobierno. Es el partido unionista. A pesar de su nombre, no ha querido contribuir a realizar la concentración republicana. Y, sin embargo, yo desearía su cooperación. Sería ésa la colectividad apropiada para servir de núcleo de influencia política a los elementos del comercio y la banca; pero estos gremios, en vista de que el unionismo no ha llegado a ser partido gubernamental ni adquirido positiva eficacia, se inclinan a la izquierda radical democrática, que tiene a su frente un financista, como es Alfonso Costa. Cabe dudar, entretanto, de que a un partido de la índole del radical le venga bien, para sus fines propios, la vinculación con gremios tan propensos de suyo a contener o graduar todo impulso hacia adelante...

Hablamos luego de la participación de Portugal en la guerra. Acababan de regresar de Londres y París dos de los ministros, los señores Alfonso Costa y Augusto Soares, y se atribuía a la misión que venían de desempeñar resultados de trascendencia en lo relativo a aquella participación.

—El actual conflicto europeo —me dice—, ha puesto a prueba la unidad y firmeza de nuestra con ciencia nacional. Siendo yo presidente del ministerio en 1914, cuando el estallido de la guerra, fui al Parlamento a declarar que la nación sería siempre fiel a sus compromisos internacionales, y tuve

la satisfacción de ver partir, de las más opuestas fracciones de las Cámaras, muestras de caluroso asentimiento. No hemos descuidado, desde entonces, las actividades que tal decisión nos imponía. La reorganización de nuestro ejército es uno de los esfuerzos de que puede enorgullecerse la república. Ya ha visto usted las manifestaciones de entusiasmo patriótico a que ha dado ocasión la reciente revista militar de Tancos. Según todas las probabilidades, se acerca la hora de nuestra cooperación en tierra europea, como la prestamos ya en las colonias. Esta preparación cuesta a Portugal ingentes sacrificios económicos, a los que seguirán, sin duda, dolorosos sacrificios de sangre; pero el deber es sacrificio, y perseveraremos hasta el fin en nuestro deber de estar al lado de Inglaterra.

Percíbese la entonación de afecto y de respeto con que pronuncia el nombre de esta nación.

—La alianza inglesa —continúa—, que es la tradición internacional lusitana y que responde a nuestros más vitales intereses, dada nuestra condición de pueblo colonizador, ha sido confirmada y robustecida, además, como necesario complemento de la política liberal de la república. Nunca la monarquía favoreció, en la realidad de las cosas, esa alianza. El interés dinástico buscaba la amistad de la corona de Inglaterra; pero en las relaciones propiamente internacionales, de pueblo a pueblo, la inclinación reaccionaria de aquel régimen le hacía temer la influencia del liberalismo inglés y le llevaba, en cambio, al lado de Alemania. Nosotros hemos restablecido en toda su fuerza la alianza natural. Y ha cooperado eficazmente a ese restablecimiento la orientación internacional de la propia Inglaterra en estos últimos años, con el amplio sentido de solidaridad humana que ha sucedido, en su política exterior a aquel «magnífico aislamiento» de Chamberlain. La evolución iniciada bajo Eduardo VII, mediante el acerca-

miento a Francia, a Rusia, al Japón, da ahora sus grandes resultados. Ya no sería oportuno hablar, como característica nacional, del «egoísmo inglés». Inglaterra es hoy una potencia humanitaria.

Apunto el tema de las relaciones entre los pueblos ibéricos; de las posibles trascendencias de una política que las estreche y ahonde.

—El programa internacional de la república —dice a este respecto—, incluye la tendencia de una mayor vinculación con España. Las corrientes liberales que predominan, cada vez más resueltamente en la política española, favorecen en gran manera la realización de ese propósito. Estos dos pueblos linderos han vivido hasta ahora vueltos de espaldas.

Ni se han conocido ni han experimentado interés en conocerse. Acaso en España se sabe menos aún de Portugal que en Portugal de España, y es bien poco lo que de ella sabemos. Así como la solidaridad internacional nos ha unido, sobre todo, a Inglaterra, el comercio de las ideas nos ha vinculado preferentemente a Francia. Diríase que cuando salíamos de Portugal para viajar por Europa, atravesábamos la parte de territorio español con los ojos cerrados, y los abríamos al dejar atrás los Pirineos. Esta incomunicación debe cesar. Necesitamos y queremos amistad con España; pero la amistad, la estrecha vinculación intelectual y económica a que aspiramos, no debe confundirse con vanos sueños de unidad política. La idea de una confederación peninsular es una quimera. No solo por lo imposible de su realización, sino también porque importa un contrasentido histórico. España y Portugal tienen destinos diferentes, genio y vocación aparte. Nosotros constituimos una nación esencialmente colonial y marítima. No ocupamos en el continente sino la estrecha faja de tierra necesaria para asentar el pie y para poder llamarnos una nacionalidad europea. Nuestra tradición, nuestro desen-

volvimiento, están en la difusión de nuestro espíritu por la redondez del mundo. La obra de la civilización española es admirable pero a diferencia de la nuestra, es ésa una civilización eminentemente continental ...

(—¿Y la España de Colón, de Cortés, de Pizarro, de Quesada, de Valdivia— pensaba yo, interrumpiendo mentalmente.) Luego agregó:

—Es interesante observar cómo las afinidades internacionales que vincularon siempre a Portugal e Inglaterra trascienden a sus emancipadas colonias americanas: la política exterior del Brasil le acerca más a los Estados Unidos del Norte que a las repúblicas de origen español. Donde la unidad de los pueblos ibéricos puede perseguirse sin obstáculo es en la esfera de la comunicación espiritual. Yo desearía que se extendiese a las relaciones entre Portugal y España, y entre Portugal y la América española, una idea que, por lo que toca a la América lusitana, tenemos ya en vía de ejecución: los viajes de propaganda intelectual, el intercambio periódico de conferencias, a cargo de las más caracterizadas personalidades de cada nación y en las que se tendería fomentar el cono cimiento recíproco de ambas.

Recae de nuevo la conversación sobre política interna. ¿Fue la república una escisión histórica, un absoluto apartamiento del pasado?

—La obra de la república —declara— no significa la reacción contra las genuinas tradiciones nación des: significa, por el contrario, una enérgica reposición del verdadero sentido de nuestra historia. El nuevo régimen nació de la revolución, pero este impulso violento fue el esfuerzo instintivo de la conciencia nacional contra instituciones que en realidad, la apartaban de su cauce. Nu estro espíritu histórico es de libertad: fácil es comprobar cómo siempre que la libertad ha amenguado la decadencia nacional ha sobrevenido.

Luego recojo de sus labios esta lección de la experiencia, que sería asunto de provechosa reflexión en nuestras democracias de allende el Atlántico:

—El arte del gobierno consiste en saber valorizar a los partidos y los hombres: consiste en reconocer y hacer efectivo el valor de cada uno de ellos. Mezquina política será la que tienda a sacrificar, a anular, a esterilizar los partidos que no sean el propio. Toda fuerza de opinión organizada tiene su razón de ser y su función social, y es necesario que se la tome en cuenta. Lejos de propender a reducir las que existen, cuando se mira de lo alto todas ellas se nos figuran pocas con relación a la complejidad de la obra que ha de realizarse.

Bien me parecen esas nobles palabras para dejar en pie, tal como es, en la representación del lector, la personalidad de este hombre de gobierno. Estrecho su mano con el respeto que fluye tanto más imperioso de los espíritus que, como el mío, no conocieron nunca la cortesanía ni la lisonja. Ha caído la tarde. El Sol poniente dora, en la plaza de don Fernando, la frente de bronce de Alburquerque. Me dispongo a admirar de nuevo las grandes cosas de Lisboa: la maravillosa arquitectura de los Jerónimos, los deliciosos jardines de Cintra ... pero quiero antes enviar a *Caras y Caretas* mis impresiones de esta conversación, y por su intermedio agradecer al estadista ilustre su cordialísima acogida, que, en nombre de la América nuestra, retribuí con mis votos por el porvenir de la república, la felicidad de su administración y la gloria de su pueblo.

Lisboa, 1916.

En Barcelona

Después de rápido paso por la corte, y de un viaje en ferrocarril que me hace pensar, con envidia profética, en los que burlarán a los calores viajando en aeroplano, llego una tórrida noche a Barcelona, la ilustre y hacendosa ciudad, raíz de mi sangre y objeto siempre para mí de estimación y simpatía, que acrecentaban mi deseo de verla.

Cierto es que la ocasión es la menos propicia para conocer a fondo aquella parte del conjunto social donde están mis relaciones y semejanzas. Aquí, como en Madrid, el rigor del verano mantiene fuera de la ciudad a la mayor parte de la gente de letras. Encuentro, sin embargo, entre otros de los mejores, a Rafael Vehils, que, con cariñosa solicitud, se afana por hacer doblemente interesantes y gratos los breves días que paso en Barcelona. Vehils prepara aquí, acompañado desde su cátedra de Oviedo por Rafael Altamira, una publicación de la mayor oportunidad e interés: una revista de estudios internacionales, donde, anticipándose a la solución del actual conflicto europeo, con las transformaciones que probablemente determinará y el nuevo orden que ha de resultar de él, se tenderá a señalar un ideal de política exterior para España, una dirección consciente y sistemática de sus relaciones con el resto del mundo, incluyendo como parte preferente de ellas las que se refieren a los pueblos hispanoamericanos.

Mientras llega la hora de marchar orientado por tan selecto guía, quiero, confiándome al soplo de la casualidad, conocer callejeramente a Barcelona. Salgo, pues, a la calle, y recibo la impresión de haber pasado una frontera internacional. Viniendo de las tierras de la opuesta parte del Ebro, notáis, a la primera ojeada, que el ambiente es otro; que al deslinde geográfico corresponde, en la conciencia social, un cambio

de clima. Falta la gracia singular de Madrid, y falta también lo que forma, en la villa y en la corte española, el reverso, un poco chocante, de esa gracia local. Hay carteles de toros; pero el torero, con sus innumerables variedades, complementos y adherencias, es aquí tipo inadaptado y fugaz, o tiene el buen gusto de quedarse en los alrededores de la plaza. El pueblo luce, en lo pintoresco y en lo anímico, su carácter propio. La barretina, «la milenaria barretina» de que habla Prat de la Riva en un libro célebre, salpica de rojo las ramblas y las calles. Ese color está en su medio. Rojo es aquí el tono de las almas, rojo el reflejo de la fragua espiritual. Sigo donde me indica el paso de la muchedumbre; pero como veréis, no sin fruto provechoso. He aquí que descubro mi apellido en la muestra de una casa de comercio, y por vez primera aprendo a pronunciarlo bien... Parecer ser, según me explica concienzuda y prolijamente mi homónimo, que, en buena prosodia de esta lengua, la primera o no suena como la clara y neta vocal castellana, sino de una manera que participaría de la o y de la u. Agradezco la revelación de mi homónimo, y pienso cuán cierto es que cada hora trae su enseñanza. Andando, andando, proveo mi cesta de observador. El aire y la expresión de la gente que pasa son como de quien va al trabajo o piensa en él. El obrero marcha con la frente altiva. La belleza de las mujeres es del linaje que incluye plásticos himnos de vitalidad, promesas gratas al genio de la especie. Un frente de casa acribillado de señales de bala, allá en el barrio del puerto, trae a mi memoria que ese género de granizo suele cuajar en este clima borrascoso. Allá también veo, bruscamente erguida sobre el mar, la adusta mole de Montjuic, con su famoso castillo, y comparece en mi recuerdo la imagen del infortunado y mediocre agitador a quien tan deplorable torpeza política dio universal aureola de mártir y consagraciones que ya se han perpetuado, por ahí fuera, en bronce

de estatua. Me dirijo al lugar más apacible. La «Rambla de las flores», donde se las vende en graciosa feria matinal, me habla del delicado instinto del pueblo que da vida diariamente a ese comercio sin significación utilitaria. Paso ante dos o tres escaparates atestados de libros franceses, y se me ocurre relacionar con este dato de la calle la explicación de algunas de las características de esta cultura. Me siento ufano de criollismo cuando veo que la más universal creación sudamericana ha trascendido a un rótulo de la Rambla del Centro: el Cabaret-Tango.

Frente a la hermosa estatua de Colón, en la Plaza de la Paz, escucho el razonar de un joven estudiante, que enseña la estatua a un forastero, y le dice:

—Inmensa es la gloria de Colón, e indiscutible la belleza de este monumento; pero nunca se presentará mejor ocasión de recordar el *non erat hic locus* de Horacio. Si hay un principio de oportunidad, una razón de congruencia histórica, que determine el lugar de los monumentos, Colón no debiera estar aquí. Su estatua quedará mejor en cualquier otra de las ciudades de España. Cierto es que aquí desembarcó, trayendo en la mano el orbe de oro que puso en las de Isabel y Fernando; pero, en la parte referente a nosotros, ¿representó esto un beneficio? El espléndido obsequio de Colón fue la gloria para la humanidad, de gloria y grandeza para España: para Cataluña fue el triste presente de la decadencia. A Cataluña le hirió, si no en el corazón, en las vísceras del vientre. Éramos árbitros del Mediterráneo; el Mediterráneo era la vía del intercambio universal. Compartíamos con las ciudades italianas, con Venecia, con Génova, el dominio de las rutas que llevaban fuera de Europa. Todo esto desapareció desde que fue transportado al Atlántico el eje comercial del mundo; nos hundimos en la despoblación y la pobreza, y se necesitaron no menos de dos siglos para que iniciáramos nuestro

renacimiento. ¿Tiene sentido histórico la estatua de Colón en una plaza de Barcelona? Queda solo la consideración de que fue aquí donde tocó tierra de regreso e hizo a los reyes de Castilla entrega de su mundo.

Al día siguiente, visitando el Archivo de la Corona de Aragón, que ocupa el viejo palacio de los condes de Barcelona (y que es, por cierto, un dechado de organización, de orden y limpieza, donde hasta el más mínimo grano de polvo parece desterrado por el soplo de invisibles y oficiosos gnomos) me refería el director, a propósito de Colón y su desembarco, una singularidad interesante. Me refería que, revisando una por una las crónicas del siglo XV que se custodian en ese rico depósito, y en muchas de las cuales están consignados con monacal prolijidad los hechos de cada día, no ha encontrado en ninguna de ellas la más insignificante alusión a la llegada del descubridor a Barcelona. Este silencio sería suficientemente extraño para motivar cierta inquietud en cuanto a la autenticidad de un hecho tenido hasta hoy por de tan inconclusa certidumbre, si no existiera, en concepto de quien esto me decía, una posible, quizá probable, explicación: el designio puramente local de los cronistas catalanes se habría negado a considerar como acontecimiento propio de su gente el arribo de un navegante genovés que venía de ganar nuevas tierras para la corona de Castilla.

Continúo mis excursiones callejeras. Los barceloneses me hablan con orgullo del Ensanche, que es el barrio moderno; de sus majestuosas avenidas y sus frentes de mármol, y se afanan porque le conozca y admire. Nada más justificado que ese orgullo. Pero no sé si llego a hacerlos comprender del todo que a un americano de la parte más nueva de América (y, añádase, por temperamento personal, un poco nostálgico e idealizador de lo que queda atrás en el tiempo), debe interesarle mucho más que todo aquel alarde de espléndida

modernidad, la Barcelona que han dejado los siglos; la de las calles estrechas y tortuosas, por donde no pasan tranvías y automóviles; la que evoca el recuerdo, ya del balcón del trovador, ya del sosiego del convento; la de la Casa Consistorial, y la Audiencia, y la «Sala de Contratación» de la Lonja; la de esa característica plazuela de la Catedral, que, con Rafael Vehils, recorrimos una tarde en que, a la verdad, me creí transportado por encanto a los días de Roger de Flor y de los condes en guerra con turcos y con moros. Dentro del admirable templo, me trasmitía Vehils una expresión que recogió de labios de Rodin, acompañando al gran escultor a visitar esa joya de vetusta piedra: «El incomunicable secreto del arte gótico consiste en saber modular la luz y la sombra».

Soberbia y bella es, ¿quién lo duda? la Barcelona moderna. Mirando de la altura del Valvidriera o del Tibidabo donde solía ir por las tardes, domínase, en vasto panorama, la tendida metrópoli, y aparecen en conjunto la magnitud de su desenvolvimiento y la magnificencia de su edificación, en que profusas luces responden a la caída de las sombras, como un inmenso asalto de cocuyos. De las dos ciudades que pueden disputarle el principado del Mediterráneo y que he visto después: Marsella y Génova, la provenzal me pareció más populosa y activa; la *ligur*, de más típica originalidad; pero Barcelona es más pulcra, más primorosa, más «compuesta». Confieso, sin embargo, que lo que preferentemente ha cautivado mi atención en la moderna Barcelona no es la arrogancia monumental, ni los esplendores de la calle, sino aquellas cosas, de modesta apariencia, que dan testimonio de la actividad espiritual de las generaciones vivas.

Así, por ejemplo, el «Instituto de Estudios Catalanes». Guardo de mi visita a este centro de cultura la más grata y duradera impresión. Empiezo por admirar en él la copiosa colección cervantina, la primera del mundo, rica de edicio-

nes primitivas, de ejemplares únicos o raros, y primores de imprenta y encuadernación, de esos que son golosina del bibliófilo. Renuevo, ante las láminas de las traducciones del Quijote una observación que ya tenía hecha: la curiosa transfiguración, o si queréis los cambios, los cambios de patria de la fisonomía del hidalgo inmortal, al recibir de cada interpretación del lápiz el tipo étnico del país a que el dibujante pertenece, de manera que veis sucesivamente el Quijote inglés, el francés, el italiano, el tudesco, y hasta el vascongado y el nipón, todo dentro de la unidad impuesta por el carácter esencial de la figura. Paso después, a la Biblioteca abierta al público. A pesar de un día como no los he experimentado en las costas brasileras, y de una sala muy mal defendida del calor, rebosa ésta de lectores: excelente indicio. Pero la parte más interesante de la institución es aquella en que se realiza, por medio de una sabia organización de estudios, obra intelectual relacionada siempre con los destinos y el interés de Cataluña. Este es un taller de trabajo sincero, sano, abnegado, que yo señalaría a la emulación de la juventud de nuestra América. A todo preside un sentimiento augusto: el sentimiento de la patria, de la patria natural, de la «patria chica», que en este pueblo, veo que es la que verdaderamente toca a lo íntimo del corazón. Un joven de la primera nobleza catalana, el marqués de Montolfu, trocando sus títulos heráldicos por los del esfuerzo personal y fecundo, emplea aquí la vida en una meritísima labor de filólogo: acumula, pule, relaciona las piedras que un día servirán para erigir el gran léxico de su lengua. Estrecho con leal aprecio la mano de este fuerte trabajador, y tratándose de filología, me complazco en recordar con él la gloria de nuestro gran colombiano Rufino José Cuervo.

En contigua división se prepara el mapa normal de las cuatro provincias catalanas. Luego, manos cuidadosas ordenan

pergaminos y papeles con que la contribución de los particulares ha acrecentado este acervo de la cosecha común. Más allá, en la sección de arqueología, me muestran prehistóricos cacharros, algunos de los cuales (curioso caso de observación), tienen, según me dicen, la exacta calidad y figura de los que, después de tiempo infinito y sucesivas oleadas de pueblos, es uso fabricar todavía en los lugares donde se les ha exhumado. Acullá un médico joven se ocupa en el estudio de las fiebres palúdicas que infestan ciertas partes de la región. Vasto, admirable taller, que es suficiente por sí solo para juzgar cuánto de inteligencia, de tenacidad y de entusiasmo atesora, bajo sus rudos aspectos, el alma de esta raza viril.

Barcelona es fachadosa, ha dicho Unamuno.

Mi observación de pasajero no confirma la exactitud de ese juicio, en cuanto él puede tener de negativo para la solidez e intensidad de su cultura. Cierto es que estas gentes cuidan la fachada, y no me parecen que hagan mal; pero, detrás de la fachada, veo yo, en la casa de los catalanes, el fondo: veo una artística sala, una copiosa biblioteca, un confortable comedor, unos frondosos y bien cultivados jardines. Veo, en suma, aquella entidad que es la raíz de todas las grandezas y el secreto de todos los triunfos: la energía. Y esta energía aparece lo mismo en la forma que se manifiesta por la voluntad, como en la que toma la pendiente de la imaginación. Junto a un visible carácter positivo, calculador, utilitario (no olvidemos que es aquí, en Barcelona, donde fue vencido Don Quijote); junto al poderoso aliento de trabajo que lanza al cielo el humo de las fábricas de Sants, de Sabadell y de Terrassa, vése persistir el instinto de arte que un día hizo de este pueblo el propagador, por el mundo, de un ideal de refinada y caballeresca poesía. Mustio está el rosal de los Juegos Florales, y ya no da rosas sino un ambiente de invernáculo; pero la savia que antaño hizo florecer los «serventesios» y los

«lays d'amor» se revela por lo que verdaderamente vive: por la espontánea vocación del genio popular, con sus famosos orfeones de obreros; por la producción independiente y noble de un grupo de artistas y escritores que, a la hora actual, hay que contar, sobre toda duda, entre los más fuertes de España. Y es la ocasión de señalar otro carácter de la fuerza, otra manifestación de la energía, que observáis tanto en las altas tendencias de la cultura como en la manera de arreglar un jardín o en el diseño de un farol del alumbrado: un anhelo de la originalidad, la aspiración a producir algo propio.

No diré que esta aspiración no lleve con frecuencia a discutibles extremos. Unos con la sana intención de admiraros, otra con la de desconcertaros y haceros participar de su protesta, os llevan a ser especímenes de novedad arquitectónica y decorativa, de ultramodernismo plástico, como el Templo de la Sagrada Familia, en construcción; la casa que en una de las ramblas más céntricas ocupa el Consulado Argentino, y la sala de conciertos del «Orfeo Catalá». Todo ello equivale a la impresión de un choque violento para quien está educado en el gusto de la línea pura y se confirma cada día en el amor de la severa y divina sencillez; pero aun así, se impone en tales tentativas un fondo interesante, si se las toma en su condición de una busca fuera de lo usado, de un olfateo que alguna vez puede ser leonino e indicar que la garra está tendida y que la presa de verdad anda cerca.

Toda esa suma de energías que el ambiente pone ante los ojos se concentra y resuelve en una idea, en un sentimiento inspirador: la idea de que Cataluña es la patria, la patria verdadera y gloriosa, y el orgullo de pertenecerle. *¡Civis romanus sum!* Y esto, que es el más íntimo fondo, trasciende y bulle en la superficie con un fervor de fuente termal. No hay quien, con alguna facultad de observación, pase por medio de estas gentes y no perciba, a la primera mirada, el hecho

de un impulso interior que las levanta y estimula; de una personalidad común que adquiere cada día conciencia más clara de sí, noción mas firme y altiva de sus capacidades y destinos. Cualquiera que haya de ser el final resultado de esta inquietud espiritual, nadie puede desconocer que un sentimiento colectivo de intensidad semejante, es una fuerza, y una fuerza que no es probable que acabe en el vacío. Las trascendencias políticas de tal exaltación de amor patrio son, necesariamente, muy hondas. Hasta ayer se hablaba de «regionalismo». Hoy se habla a boca llena de «nacionalidad». Justo es agregar que, en los más reflexivos y sensatos, esto se interpreta de modo que no importa propósitos de separación absoluta.

¿Y no hay ya quien ha lanzado a los vientos la idea del «imperialismo catalán»: del imperialismo en el sentido de la penetración y la dominación pacífica de España por el espíritu director de una Cataluña que asumiese la férula del magisterio y el timón de la hegemonía? Todo ello plantea, para el porvenir de la comunidad española, problemas de la más seria entidad. Y de todo ello, que no podría explicarse en pocas palabras, he de hablaros en un artículo próximo.

El nacionalismo catalán

Un interesante problema político

I

El movimiento patriótico catalanista, a que aludía en mi artículo anterior, es bien poco conocido en América. Por lo general, se le atribuye allí una importancia y una extensión muy inferiores a las que tiene en realidad. Esta consideración, de decisiva fuerza periodística, y el interés que me había despertado la impresión directa y viva del problema, al oír a quienes lo exponían con calor de alma, como actores en él, me persuadieron desde el primer momento a tomarlo como objeto de una de estas crónicas y a procurar las fuentes de información más apropiadas para trasmitir a mis lectores exacta idea del que es, sin duda, uno de los aspectos principales de la actualidad española.

No estaba en Barcelona Cambó, pero hablé con hombres de representación semejante, entre ellos uno de los más conspicuos oradores de la diputación catalanista, jurisconsulto de grandes prestigios: el señor Ventosa y Calvell.[1] No desdeño, por otra parte, la opinión de los anónimos; promuevo la conversación en el café y en la rambla; busco algún libro, hojeo algún folleto de combate, atiendo a lo que dicen los diarios... Y con lo que leo, con lo que oigo y con lo que induzco, forjo para los fines de mi crónica, un interlocutor ideal, a quien haré converger las preguntas que a muchos he propuesto, y en quien me atrevo a esperar que quedará fielmente reflejado el sentido común del catalanismo.

1 Se refiere a Juan Ventosa y Calvell, quien fue ministro de Hacienda y de Abastecimientos durante el reinado de Alfonso XIII. (N. del E.)

—¿Cuál es, pues, la significación y el alcance de ese movimiento? ¿Cuáles han sido sus orígenes? ¿Cuál es su posición actual? ¿Cuáles las resistencias que provoca...?

—Para darse cuenta cabal de nuestro espíritu y nuestras reivindicaciones —me dice mi interlocutor—; para comprender por qué y en qué sentido se habla hoy de «nacionalismo catalán», debe empezarse por apartar la falsedad corriente que identifica la «nacionalidad», el ser «personal» y característico de un pueblo, con su realización política en Estado aparte. La nacionalidad no es el Estado. La existencia de la nacionalidad, que es un hecho natural, vivaz, permanente, superior al querer de los hombres, imposible de modificar por la virtud de los pactos o por la sanción de las batallas, no puede confundirse nunca con la existencia del Estado, que es un hecho convencional, rectificable, fortuito, expuesto a todos los sofismas de la iniquidad y a todas las sinrazones de la fuerza. Una colectividad humana a la que se haya quitado el derecho de gobernarse a sí propia, que haya quedado, siglos enteros, bajo la planta del conquistador; mientras conserve su carácter, sus tradiciones, sus costumbres, todo aquello que espiritualmente la determina y diferencia, es una nacionalidad oprimida, pero es una nacionalidad. Corresponde, pues, este nombre a todas las grandes unidades sociales que, al través de la irrecusable prueba del tiempo, demuestran una personalidad común suficientemente firme y vigorosa para separarlas netamente de las demás.

Esta personalidad se manifiesta por el pensamiento, por el arte, por la conciencia jurídica, por la vida doméstica, por las disposiciones y formas de trabajo. Considerada a la luz de tal criterio, la España actual, que es un Estado único, no es, ni con mucho, una única nacionalidad, sino un mal armonizado conjunto de nacionalidades. Alrededor de la hegemonía de Castilla, que razones de transitoria oportunidad justifi-

caron o explicaron a su hora, conviven pueblos distintos, a quienes la tutela castellana ha privado políticamente de su autonomía, pero no ha podido despojar de su naturaleza y su carácter. Cataluña, que dentro de la actual organización española no constituye siquiera una unidad administrativa, es, clarísimamente, una unidad histórica, étnica, viviente; una unidad espiritual, creadora de un idioma y un derecho, inspiradora de un arte, que atestiguan las obras de sus arquitectos y de sus poetas. Es, pues, consiéntalo o no la voluntad de los hombres, una «nacionalidad». «Nacionalismo» llamamos hoy a lo que ayer «regionalismo», y está mejor llamado. Veinte siglos de invasiones extrañas, de sucesivos yugos, de imposición de ajenas formas de vida, no han sido suficientes a sofocar la energía pertinaz y rebelde de este principio de originalidad que hay en nosotros. Él reapareció, vencedor, tras la conquista romana, y él renace, más pujante que nunca, después de la obra unificadora de Castilla. Puesto que esa originalidad no tiene aún su satisfacción y complemento en la autonomía política, que se nos niega, y en la espontaneidad jurídica, que en parte se nos ha arrebatado, afirmamos ser una nacionalidad oprimida. Y puesto que no nos conformamos con que alcance a nuestros hijos la falta de esos bienes, tendemos a reivindicarlos. La legislación no es la vida de los pueblos, pero la única legislación que concuerda con su vida es aquella que ha nacido históricamente de ellos mismos, y no de imitación ni de abstracción. El Estado no es la nacionalidad, pero cada nacionalidad requiere, para su desenvolvimiento, tener su Estado propio. Considere usted estos principios y verá cuán alto se levanta su concepto de nuestra protesta sobre la idea de una agitación declamatoria y vulgar. En un periódico de Buenos Aires, un escritor de nota pretendía caracterizar, no ha mucho, nuestro movimiento regional considerándolo como un egoísmo colectivo.

Nada más ajeno de justicia. Nuestro fin es patriótico, pero nuestra razón es humana. Nosotros afirmamos el derecho de las nacionalidades, en nuestra aspiración de autonomía, como lo afirmamos en el fuerismo de los «bizkaitarras» y en las reivindicaciones de los campesinos gallegos. Como lo afirmaríamos igualmente en Irlanda, en Alsacia, en Polonia, donde quiera que exista una entidad nacional sacrificada a la unidad de un Estado opresor...

Pregunto si este movimiento de ideas procede de largo tiempo atrás.

—Todo lo contrario —me contestan—. El nacionalismo catalán es un movimiento recientísimo, es un hecho de ayer. En lo que tiene de renacimiento espiritual, de reintegración de una cultura, alcanzan sus orígenes a la primera mitad del siglo XIX. Pero, en lo que tiene de tendencia, de reivindicación política, apenas hay señales de él de treinta años a esta parte. Nadie lo diría al comprobar hoy su arraigo profundo y su fuerza avasalladora. Y es que, en realidad, no se trata de un espíritu esencialmente nuevo, sino de la reanimación de una poderosísima corriente secular que pasó por largo desmayo y recobra ahora su empuje. ¿No es el Tucutunemo, ese río de Venezuela que, ya desenvuelto e impetuoso, se soterra durante cierto trecho, y reaparece de súbito, con más caudal y brío que antes? Tal podría ser la imagen de nuestro sentimiento nacional. Mantuvimos, durante centenares de años, una personalidad social enteramente nuestra, en instituciones y costumbres, en arte, en derecho; una personalidad tan característica, tan fuerte, tan inconfundible con la de la nacionalidad castellana, como pudo tenerla el mismo Portugal, aun cuando no la hicimos culminar nosotros en emancipación política. Esta personalidad era consciente de sí y manifestaba el orgullo de sus fueros y de sus peculiaridades. Luego, la mina material que nos trajo el Descubrimiento

de América, la obra de centralización política realizada por los primeros Barbones, y la influencia niveladora y pseudoclásica del siglo XVIII en toda materia de cultura, nos apartaron de nuestro cauce, nos despojaron de cuanto teníamos de original, y durante largo tiempo pareció como que nos resignábamos con nuestra suerte.

—El primer anuncio de nuestro despertar, después de tan triste decadencia, se relaciona con aquella universal emulación por los estudios históricos, que, desde los albores del pasado siglo, produjo la revolución romántica. El romanticismo, difundiendo el amor a la tradición y el respeto de la genialidad artística original de cada pueblo, nos volvió a la devoción de nuestras vejeces, de nuestras reliquias, de cuanto en el pergamino o en la piedra, nos hablaba de nuestro pasado. Como la visión de la Italia redimida, como el sueño de la patria germánica, nuestro ideal patriótico empezó por ser un motivo de *anyoranza poética* y sentimental. Renovábamos las ceremonias de los Juegos Florales; aprendíamos historias de trovadores y cruzados, y visitábamos los monasterios semiderruidos, o nos deleitaban las estampas que trazaba el lápiz de nuestros dibujantes para el Álbum pintoresco de España. Pero, al cabo, este divagar entre ruinas, este remover de legajos, este tararear de aires antiguos, plácida cosecha espiritual, dio su fermento de energía. Lo que pudo parecer extática contemplación de poetas o inocente recreo de anticuarios, se convirtió en el impulso iniciador de la más trascendental revolución de conciencia que jamás se habrá presentado en nuestra historia. El contacto con la tradición había despertado en nuestro pueblo el sentimiento de su personalidad adormida; había hecho repercutir en sus entrañas el grito de guerra de sus generaciones muertas. Y dirigiéndonos hacia el pasado fue como tomamos el camino del porvenir. Llegamos a nuestro Oriente por el Occidente.

Pronto a los tonos de la leyenda y de la elegía se mezclaron notas de más vibrante resonancia. Aribau cantó de Cataluña con valentía de himno. Hombres nuevos recibían desde la cuna un temple de alma enteramente distinto del que había hecho posible el apocamiento «provincial». La patria no fue ya solo un miraje de los corazones; tendió a ser, cada vez más, una afirmación de las voluntades, una reflexiva y activa concepción de los destinos comunes. Se habló, por primera vez, de autonomía, de regionalismo, del derecho a reponer la legislación tradicional, del deber de cultivar la lengua propia. Las resistencias que pretendieron detener en su arranque este impulso irresistible no hicieron sino exacerbarlo y espolearlo. A los esfuerzos individuales sucedió el espíritu de asociación. La juventud universitaria se organizó, en 1887, con el «Centre Escolar Catalanista». Escritores como Muntañola, como Almirall, como Prat de la Riva, como Durán y Ventosa, propagaban las ideas que hoy son fondo común de nuestro pensamiento patriótico. En 1892 se intentó dar a las aspiraciones regionales su primera fórmula orgánica con las «Bases de Manresa».

Pero la ocasión en que la corriente de catalanismo se desató por entero fue aquel profundo y saludable estremecimiento que provocó en el ánimo de los pueblos españoles la desastrosa guerra de Cuba. De la borrasca de protestas, indignaciones, repugnancias, sonrojos y reproches, que tal fin del imperio colonial castellano desencadenó en la Península, salió corroborado y entonado el sentimiento de nuestras reivindicaciones propias. Otra oportunidad memorable de nuestra propaganda fue, hace pocos años, la discusión de la «ley de mancomunidades», por la que se autorizaba a dos o más provincias de la monarquía a pactar, para determinados fines, algo como una confederación occidental. Hoy, definitivamente orientados en ideas y propósitos, representamos la

casi unánime opinión de Cataluña. El porvenir es claramente nuestro. Somos mucho más que un partido: somos una conciencia nacional en acción...

Manifiesto el deseo de precisar lo que se me ha indicado de paso sobre la faz jurídica del catalanismo.

—Uno de los caracteres —me dicen—, que mejor confirman la existencia de nuestra personalidad nacional, es, en efecto, la posesión de una originalidad jurídica bien determinada y constante. Fácil es señalar algunas de las particularidades en que se revela. La institución del *hereu*, del mayorazgo, que, considerada abstractamente, puede parecer injusta y perniciosa, pero que responde a un sentimiento de conservación patrimonial, de continuidad de la «casa», profundamente arraigado en el corazón de nuestro pueblo; la institución de la *enfiteusis*, desenvuelta en nuestra vida agraria con formas peculiares, que facilitan el problema de la propiedad territorial; la amplia libertad testamentaria, muchos otros rasgos característicos de nuestra tradición civil, concurren a demostrar la persistencia de un sentido jurídico original y propio. Como brotado de las entrañas de la nacionalidad, y no de la convención de legistas y codificadores, nuestro derecho es esencialmente consuetudinario. Todo su espíritu podría contenerse en la sentencia de nuestra sabiduría popular: *tractes rompen lleys*. No pretendemos, por tanto, que sea un modelo universalmente aceptable: él es bueno en nosotros y para nosotros. Y como tal, queremos recobrarlo en su tradicional integridad. Esta moderna superstición de la simetría, que, según dijo Ángel Ganivet, domina «desde el trazado de las calles hasta el trazado de las leyes», vino un día en auxilio de la política centralizadora, y se hizo la unificación jurídica de España, abatiendo toda originalidad y todo carácter. A la legislación foral, orgánica y viva, que cada pueblo se había dado en el tiempo, sucedieron los códigos unificados, obra

regular de la razón dialéctica. Si algún elemento histórico se mezclaba en esa reforma al criterio puramente razonador, ese elemento histórico era el de la legislación de Castilla, adaptada violentamente a nuestro medio. Propósito tan fuera de lugar como si nosotros hubiéramos querido imponer en Castilla nuestro derecho consuetudinario. Desde entonces, la ley y la costumbre marchaban divergentemente en muchos puntos, y esta divergencia no se prolonga sin impotencia de la ley o sin tortura de la realidad. Ejemplo de ello es el permanente desasosiego de vuestras repúblicas americanas, heridas desde la cuna por la escisión de las leyes y de los hábitos.

—Parecidas cosas cabe decir en materia de legislación social y económica. La mayor parte de los hombres que gobiernan en España, proceden de las comarcas del centro y del mediodía, separadas por enormes diferencias de desenvolvimiento industrial, de aptitudes y disposiciones, de la de esta costa del Mediterráneo. Carecen nuestros gobernantes de otra base experimental, en lo que se refiere a la producción de riqueza, que la que pueden ofrecerles los trigales de Tierra de Campos o los viñedos y dehesas de Andalucía. Y con este género de observación, pretenden dirigir la actividad económica de regiones donde, como en Cataluña y como en Vizcaya, la industria manufacturera tiene extensión y complejidad semejantes a la de los grandes centros de Europa. Sería como si desde el Uruguay, pueblo pastor, quisiera prepararse el Código Rural para Chile, agrícola y minero; como si en las «estancias» de Buenos Aires se experimentaran leyes del trabajo para los «ingenios» de Cuba ...

Pásase después a hablar del idioma ... Y al llegar a este punto no puedo menos de oponerles observaciones y argumentos que me replican del modo que veréis, entre otros desenvolvimientos del tema, en el artículo siguiente.

II

Quedábamos, al interrumpir mi artículo anterior, en que se pasó a tratar del idioma, y en que, al llegar aquí no pude menos de confesar mi resistencia instintiva a la idea de la preterición al castellano. Renové y me sentía dispuesto a renovar todavía las observaciones que una vez dirigí a Santiago Rusiñol en Montevideo:

—¿No ofrecería grandes ventajas para todos que mantuviéramos la unidad de nuestro mundo hispanoparlante? ¿No es de ustedes también, después de la larga convivencia, el idioma en que ahora conversamos? ¿No han contribuido ustedes, con su tributo espiritual, a la formación y a la gloria de la lengua que a todos nos vincula? En la transfiguración del castellano, cuando la grande aurora del Renacimiento, ¿no es nombre representativo el nombre de Boscán? ¿No fue maestro Campany en la lengua de Castilla?

—Para nosotros —me contestan—, la reivindicación del idioma es enteramente inseparable del fondo de nuestro problema nacional. Si hay en nosotros el «substratum» de una nacionalidad, como firmemente creemos; si hay una personalidad común plenamente caracterizada y definida, y esa personalidad se ha dado en el transcurso de los tiempos su lengua propia, no podría ésta abandonarse y substituirse sin dañar la más esencial integridad del carácter a que ha servido de expresión. Bien sabe usted que no es el idioma una forma vana, una cáscara caediza. Es la fisonomía del genio colectivo; es el capullo que teje con su propia substancia el alma popular. De aquí que el primer cuidado de todos los conquistadores, de todos los usurpadores, en los pueblos que ponen bajo el yugo, sea el de tender a proscribir su habla natural y a imponerles la lengua que los acostumbra a la voz de mando

del boyero. De aquí también que la sumisión, la decadencia del espíritu regional de Cataluña coincida con la desestima del catalán en las altas esferas sociales, y que la primera señal de nuestro despertar haya sido la rehabilitación de nuestro idioma como instrumento de cultura. Habla usted de que la convivencia con Castilla nos ha connaturalizado con el castellano, porque nos oye hablar corrientemente en él a los hombres de ciudad. Si fuese usted al campo, si entrase usted en el terruño del «payés», vería que para seguir una conversación habría menester de intérprete. Y sin embargo, se obliga a los campesinos catalanes a demandar justicia, a educar a sus hijos, a recibir la instrucción militar, en una lengua que para ellos es extraña. Nosotros reivindicamos el derecho a usar nuestro idioma propio en las relaciones de la actividad jurídica, de la actividad municipal, de la actividad docente; nuestro clarísimo derecho a hacer de la lengua «natural», lengua «oficial». Reivindicamos, cuando menos, la facultad de optar por cualquiera de los dos idiomas en los usos de la vida pública, como se opta en Bélgica, como se opta en Suiza ...

Intento una objeción aún:

—¿No favorecería grandemente la difusión del pensamiento de ustedes el hecho de que lo expresaran en una lengua que es medio de comunicación entre ochenta millones de almas? ¿No magnificaría esto el escenario de sus escritores y de sus poetas, teniéndolos ustedes de tal mérito como un Verdaguer, como un Guimerá, como un Oller?

—En la expresión literaria, menos que en ninguna otra, es posible prescindir de la lengua que expedimos en la cuna y está como entretejida con la urdimbre de nuestra sensibilidad. No es posible señalar el matiz, lo preciso, lo recóndito, el timbre de la emoción, el relieve de la imagen, sino en el habla que se hereda por naturaleza. Pudo filosofar en castella-

no Balmes, porque la filosofía es materia de abstracción. No hubiera podido Verdaguer escribir en castellano la *Atlántida*. Por lo demás, la fuerza de irradiación de una obra del espíritu depende, principalmente, de lo que ella lleva adentro, más que de la facilidad del idioma en que está escrita. Recuerde usted el caso de Ibsen. Escribiendo en una lengua tan poco difundida y tan difícilmente accesible, logró una universalidad y una influencia como no las hubiera conquistado mayores trabajando en cualquiera de los grandes idiomas generalizados en el mundo. Pero, en último término, tampoco nos encastillamos nosotros, por lo que toca al porvenir, en posiciones absolutas. La libre competencia, la natural y espontánea operación de la vida, harán que definitivamente prevalezca el idioma que demuestre mayor energía vital, que mayores ventajas asegure para los fines de la utilidad y para los del arte. Si ha de ser este idioma el de Castilla, séalo en buen hora. Lo que nosotros resistimos es que esto se resuelva de antemano y como imposición política.

—¿De qué manera —pregunto después—, podrían conciliarse las aspiraciones automáticas de ustedes con el mantenimiento de la unidad española?

—La idea de que a cada nacionalidad corresponde necesariamente un Estado, no significa que los Estados nacionales no puedan asociarse entre sí, formar Estados compuestos, permanentes mancomunidades políticas. Mientras esto se haga con respeto de la personalidad nacional de cada parte, nada se opone a la fundamental concordia de intereses que exija o legitime esa asociación. Allí donde dos o más nacionalidades coexisten dentro de un Estado simple y único —que es actualmente el caso de España—, puede afirmarse, sin más averiguaciones, que hay una nacionalidad opresora y una o varias nacionalidades oprimidas. Pero cuando la diferencia de nacionalidades está reconocida y consagrada por

la justa diferencia de Estados, puede esa variedad tender a armonizarse dentro de una unidad superior. Somos, en una palabra, federales. Federación y regionalismo son, políticamente, términos que se confunden.

—De Barcelona —recuerdo—, era Pi y Margall, el profeta del federalismo español.

—Sí —me contestan—; pero aquel federalismo del 73 apenas tiene de común con el nuestro sino el nombre. Aquel federalismo pactista de Pí y Margall era teorizador y abstracto; el nuestro es eminentemente real. El partía de la razón, nosotros partimos de la naturaleza. No reparamos en las conclusiones de una doctrina de derecho; reparamos en que España es naturalmente federal. Carácter puro y austero, pero sin calor humano; inteligencia robusta, pero absolutamente lógica. Pí y Margall no sentía la federación sino como el desenvolvimiento de la idea que nos convence en el libro o en la cátedra; no se preocupaba, en realidad, de los problemas que para nosotros constituyen el más apremiante interés, la más íntima esencia del regionalismo. Nunca pensó que su república federal fuera incompatible con la persistencia de la división administrativa que prevalece desde 1833; de esta convencional división en cuarenta y nueve provincias, que importa un verdadero descuartizamiento de las patrias regionales, sacrificadas a una supuesta conveniencia de la administración. Con las provincias arbitrariamente recortadas en el mapa de la España por las Cortes de la Regencia —o con otras que se determinarían por igual procedimiento facticio—, componía Pi y Margall el cuadro de su federación republicana, artificial y simétrica como un tablero de ajedrez. Nosotros, en cambio, tomamos la norma de nuestro federalismo en el hecho: en el hecho de la existencia dentro de España, de regiones naturales, claramente diferenciadas por la historia, por las costumbres, por la lengua, por el espíritu

jurídico, como Cataluña, como Galicia, como Navarra; regiones que hay que reconstituir políticamente, devolviéndoles la integridad que les usurpa aquella división territorial. Y cada una de estas regiones reconstituidas y devueltas al pleno goce de su originalidad social y política, sería una unidad, una unidad real y viviente, en el conjunto de la confederación que anhelamos.

—¿Cómo se concretaría —pregunto— la fórmula de organización para Cataluña, si ustedes fueran llamados a proponerla desde ahora?

—Nuestra última finalidad es la autonomía; la autonomía entera y cabal, con libertades comunales, parlamento propio, legislación civil fundada en la tradición y la costumbre, y uso oficial de nuestra lengua. Nuestra finalidad inmediata, o si prefiere usted, nuestro programa mínimo, no tiene límites que lo determinen, porque depende de la extensión que consienta la oportunidad al ejercicio de nuestras reivindicaciones. Mientras no se nos empuje a formas más violentas, aceptamos los medios de la evolución y su consiguiente ritmo. Reconocemos todo lo que es justo al tiempo, a la ocasión, al compás del pedir y el obtener en materia política. Yerra, pues, quien en principio nos tilde de revolucionarios. Pero en lo que somos inflexibles es en que todo aquello que se nos conceda, mucho o poco, se nos conceda leal y verdaderamente; vale decir, que en las facultades autonómicas, grandes o pequeñas, que se nos vayan otorgando, no medien intervenciones que las desvirtúen, revisiones o instancias que las desvanezcan.

Ignoro yo si estas palabras que venían de hombre muy arriba del nivel de la vulgaridad, interpretan fielmente el ánimo colectivo. Me inclino a suponer que el tono de los más, es menos moderado y sereno. Pero ello me ofrecía excelente oportunidad, para tentar un vistazo sobre los más recónditos

«adentros» de la cuestión. ¿Existe aquí, siquiera sea como horizonte remoto o como eventualidad prevista, la idea de la radical separación, de la completa independencia? ¿Hay sobre esto, lo que podríamos llamar un «sobreentendido» general?

—Quien se proponga llegar al fondo preciso, en pregunta tan ardua, obtendrá, me parece, una impresión algo confusa. Por una parte, les oís reconocer que la larga convivencia histórica ha determinado entre Cataluña y Castilla una solidaridad que da indestructible fundamento al hecho de la unidad política española. Por otra parte, les escucháis loas entusiastas de las pequeñas naciones independientes, de la contribución que les debe el progreso humano y de la bienaventuranza que les está prometida dentro del nuevo orden internacional que ha de suceder a la guerra. Creo, sin embargo, que el pensamiento de los más representativos e influyentes, sobre ese delicado punto, podría concretarse de este modo:

—No deseamos la separación; pero la separación llegará a ser inevitable si las resistencias a nuestro ideal de autonomía no ceden de su presente obstinación.

—O en otros términos:

—Antes mil veces la emancipación absoluta que el mantenimiento indefinido del régimen actual.

Para abarcar toda la significación de tal principio, es necesario añadir que domina en el ánimo de la mayor parte de estos hombres la convicción de que el actual régimen centralizador no será modificado esencialmente en España mientras ellos, como grupo político no entren a participar del gobierno central; mientras manos catalanas no intervengan en la dirección de los negocios españoles. El movimiento regionalista catalán no se detiene en la órbita de los intereses regionales: aspira a la expansión, a la influencia nacional,

porque las considera indispensables para asegurar con eficacia aquellos mismos intereses. Uno de los más reflexivos y serenos entre los diputados del catalanismo, me repetía estas palabras, que no ha mucho habría dejado caer en los consternados oídos del Conde de Romanones: O gobernamos en España o nos separamos de España.

—¿Tienen justa noción de lo que revelan estos síntomas los gobernantes de Madrid?

—En los gobernantes de Madrid no suele ser la experiencia madre muy fecunda de inspiraciones políticas. El Tanto marta de la clásica empresa no ha dejado de ser la contraseña de la arrogancia castellana. Inglaterra rectificó su sistema colonial con el ejemplo de la emancipación de Norteamérica. De entonces acá, la unidad de su vasto imperio, cimentada en bases de libertad y de confianza, no ha sufrido quiebra de consideración. Irlanda ha obtenido ya justicias y satisfacciones que la persuaden a esperar la hora del definitivo desagravio. El sistema colonial que, no la voluntad de España, sino de los que dominan en España, mantuvo en las Antillas, fue, hasta el último momento, el mismo fundamentalmente que había provocado un siglo antes la revolución hispanoamericana. Otro tanto cabe decir en cuanto a las autonomías regionales, que no son, en el fondo, una aspiración distinta de la que movía a las colonias. El problema permanece en su posición original. Ha faltado en los consejos de la monarquía el hombre de Estado que lo mirase de frente y con ánimo resuelto, y repitiera, por lo que toca a Cataluña, a Vizcaya, a Galicia, el *Ireland a nation* de Glacistone. ¿Somos nosotros los que aproximamos el conflicto a la pendiente de las soluciones violentas?...

Hablando de estas cosas, paro la atención en un juicio que, aunque sin directa relación con el fondo del asunto, considero interesante apuntar.

Alguien recordó que los reyes constitucionales «reinan pero no gobiernan», y pareció querer aplicar el sentido de esa proposición al actual monarca de España.

—¿Que no gobierna Alfonso XIII? —replicó al punto el mismo elocuente diputado a quien aludí hace poco.

—¡Pues ya lo creo que gobierna, y demasiado! El único que le contenía dentro de los límites de su autoridad era Maura, a quien él profesa alto respeto. Los que han venido después se han afanado, por complacencia personal o por interés político, en abrir ancho campo a la soberana voluntad. Y hoy «el chico» interviene en los asuntos de Estado mucho más de lo que fuera de orden. Bien es verdad que, en general, no hace mal uso de esta sobra de poder, y que el pueblo, aun aquí en Barcelona, le quiere.

Pregunto si tiene el regionalismo solidaridad con las ideas republicanas; si considera que la sustitución del régimen monárquico favorecería sus tendencias y propósitos.

—No nos preocupa mayormente —me dicen—, el problema de la reforma de gobierno. Nuestro designio es de nacionalidad, es de patria: es anterior a esa determinación de instituciones. Con monarquía y con república, cabe la satisfacción de nuestros anhelos, y cabe también su desconocimiento y opresión. ¿Quién duda, por ejemplo, de que una monarquía federal sería para nosotros infinitamente preferible a una república unitaria y centralizadora? Hay entre nosotros definidos monárquicos y republicanos; pero prevalecen en número los que no conceden a esta cuestión sino un valor relativo y subordinado al interés circunstancial de nuestra aspiración de autonomía. Y la mayor parte de los que tal piensan, pudiendo elegir, en los momentos actuales, optarían quizá por la conservación del régimen establecido.

—En nuestro tiempo —continúo—, toda posición política supone un criterio para resolver o encarar las denominadas

«cuestiones sociales». ¿Cuál es el criterio social del regionalismo?

—Aplicamos a ésas, como a todas las cosas, nuestra idea fundamental de relatividad histórica y jurídica. No nos interesan las fórmulas generales y abstractas: buscamos el conflicto y su solución dentro de las condiciones positivas de la experiencia local. De los partidos dogmáticamente revolucionarios, socialistas y anarquistas, nos apartan manifiestas incompatibilidades. No solo porque en el espíritu que nos anima, el amor de la tradición es una fuerza poderosa, sino principalmente porque ellos niegan o desvirtúan lo que hay de inmortal en la idea de la patria, mientras que toda la razón de ser de nuestras reivindicaciones descansa sobre la realidad indestructible del sentimiento patriótico del principio de nacionalidad.

De tal manera alcancé a interpretar las ideas capitales del nacionalismo catalán. Y mientras reflexionaba sobre eso que había oído, y me parecía como que lo repitiera y comentara la voz de la Rambla populosa, un doble clamor sentí levantarse en mi conciencia de espectador sereno, pero no indiferente: ¡Hombres de Cataluña! Equilibrad vuestro entusiasmo con una reflexiva abnegación. Mantened, amad la patria chica, pero amadla dentro de la grande. Pensad cuán dudoso es todavía que el sentido moral de la humanidad asegure suficientemente la suerte de los Estados pequeños. No os alucinéis con el recuerdo de las repúblicas de Grecia y de las repúblicas de Italia. Considerad que no en vano han pasado los siglos, y hoy son necesarias las capacidades de los fuertes para influir de veras en la obra de civilización.

¡Hombres de Castilla! Atended a lo que pasa en Cataluña. Encauzad ese río que se desborda, dad respiro a ese vapor que gime en las calderas. No os obstinéis en vuestro férreo centralismo. No dejéis reproducirse el duro ejemplo de Cuba;

no esperéis a que cuando ofrezcáis la autonomía se os conteste que es demasiado tarde... Mirad que esa fuerza que hoy amaga con la rebelión, puede ser para vosotros, pacificada y conciliada, una gran potencia de trabajo, de adelanto y de orden. Mirad que en su misma altiva aspiración de predominio hay un fondo de razón y de justicia, porque pocas como ella ayudarían tan eficazmente a infundir, para las auroras del futuro, hierro en la sangre y fósforo en los sesos de España.

Septiembre de 1916.

Libros a la carta

A la carta es un servicio especializado para
empresas,
librerías,
bibliotecas,
editoriales
y centros de enseñanza;
y permite confeccionar libros que, por su formato y concepción, sirven a los propósitos más específicos de estas instituciones.

Las empresas nos encargan ediciones personalizadas para marketing editorial o para regalos institucionales. Y los interesados solicitan, a título personal, ediciones antiguas, o no disponibles en el mercado; y las acompañan con notas y comentarios críticos.

Las ediciones tienen como apoyo un libro de estilo con todo tipo de referencias sobre los criterios de tratamiento tipográfico aplicados a nuestros libros que puede ser consultado en Linkgua-ediciones.com.

Linkgua edita por encargo diferentes versiones de una misma obra con distintos tratamientos ortotipográficos (actualizaciones de carácter divulgativo de un clásico, o versiones estrictamente fieles a la edición original de referencia).

Este servicio de ediciones a la carta le permitirá, si usted se dedica a la enseñanza, tener una forma de hacer pública su interpretación de un texto y, sobre una versión digitalizada «base», usted podrá introducir interpretaciones del texto fuente. Es un tópico que los profesores denuncien en clase los desmanes de una edición, o vayan comentando errores de interpretación de un texto y esta es una solución útil a esa necesidad del mundo académico.

Asimismo publicamos de manera sistemática, en un mismo catálogo, tesis doctorales y actas de congresos académicos, que son distribuidas a través de nuestra Web.

El servicio de «libros a la carta» funciona de dos formas.

1. Tenemos un fondo de libros digitalizados que usted puede personalizar en tiradas de al menos cinco ejemplares. Estas personalizaciones pueden ser de todo tipo: añadir notas de clase para uso de un grupo de estudiantes, introducir logos corporativos para uso con fines de marketing empresarial, etc. etc.

2. Buscamos libros descatalogados de otras editoriales y los reeditamos en tiradas cortas a petición de un cliente.